SAVINGS BANK
Architecture and the Workplace
MIDDELFART
SPAREKASSE
Arkitekturen og arbejdspladsen

Middelfart Savings Bank
Architecture and the Workplace
Middelfart Savings Bank/3XN 2010
Text and Editing: Christian Bundegaard
English Editing: Jack Renteria
Graphic Design: Bodil Nordstrøm
Photos: Adam Mørk
Renderings: 3XN
PR and Coordination: Lise Roland Johansen
Print: Clausen Offset

MIDDELFART SPAREKASSE
Arkitekturen og arbejdspladsen
Middelfart Sparekasse/3XN 2010
Tekst og redigering: Christian Bundegaard
Engelsk redigering: Jack Renteria
Grafisk tilrettelæggelse: Bodil Nordstrøm
Fotos: Adam Mørk
Renderinger: 3XN
PR og koordinering: Lise Roland Johansen
Tryk: Clausen Offset

MIDDELFART SAVINGS BANK
Architecture and the Workplace
MIDDELFART SPAREKASSE
Arkitekturen og arbejdspladsen

INTRODUCTION
INDLEDNING

Denmark's Best Office Building

Middelfart Savings Bank adds to the ever-growing portfolio of office buildings, cultural centers, museums and other public and private commercial buildings by 3XN since the studio started in 1986. This list also includes buildings for other purposes such as housing and education, yet the common thread throughout all of their projects is the architecture of the workplace and the relationship between the building and its immediate surroundings.

3XNs buildings are designed "from the inside out", as founder and principal, Kim Herforth Nielsen puts it. They are buildings made to be used; buildings, which focus on informal professional interaction and cooperation, conceived for learning organizations in need of transparency and openness. They are buildings, which in addition to being optimal physical working environments also provide employees with architectural experiences in their daily lives. These might include effects of light and shadow or surprising angles and views to the outside world. They are buildings which take part in a dialogue with the surrounding city, contributing with new spatial formations to create space for activity, fellowship and life, instead of the miles of lethal repellent facades, as we know them from many metropolitan office building neighbourhoods.

To unite this ambitious content with often breakneck geometric design, accompanied by the requisite technical and economically sound solutions is "no slight task," as 3XN competition manager Jan Ammundsen says. A cunning and guile approach is needed to lure the idea forward that can create daylight without glare or openness without vacuum. It takes a fight to bring the many lines to run together within the boundaries of the law of gravity. Further, this has to be maintained when many

Danmarks bedste kontorhus

Middelfart Sparekasse føjer sig til det stadigt voksende værk af kontorhuse, kulturhuse, museer og andre private og offentlige erhvervsbygninger, som 3XN har skabt siden tegnestuens start i 1986. Værkfortegnelsen rummer også bygninger til andre formål, såsom boliger og uddannelsesinstitutioner, men et væsentligt omdrejningspunkt er arbejdspladsens arkitektur og dens sammenhæng med bygningens nærmeste omgivelser.

3XN tegner deres huse "indefra", som grundlægger og kreativ chef Kim Herforth Nielsen udtrykker det. Huse, der er lavet til at blive brugt. Huse, der lægger vægt på uformelt professionelt samvær og samarbejdets kunst, tænkt til lærende organisationer med behov for transparens og åbenhed. Huse, der ud over et optimalt fysisk arbejdsklima, også giver medarbejderne en arkitektonisk og kunstnerisk oplevelsesrig dagligdag med lys- og skyggevirkninger, overraskende vinkler og udsigt til omverden. Huse, der indgår i en dialog med byen omkring dem, og bidrager med nye rumdannelser for at skabe plads til aktivitet, samvær og liv, i stedet for de kilometervis af dødbringende afvisende facader, som man kender dem fra mange storbyers kontorhus-kvarterer.

At forene dette ambitiøse indhold med byggeteknisk og økonomisk forsvarlige løsninger på den ofte halsbrækkende geometriske formgivning, er en ikke ringe "styrkeprøve", som 3XNs konkurrencechef Jan Ammundsen siger. Der skal snilde og list til for at lokke den idé frem, der kan lave dagslys uden blænding eller åbenhed uden tomrum. Der skal kæmpes for at få de mange linjer til at løbe sammen inden for tyngdelovens grænser. Og der skal holdes fast, når mange aktører og fagligheder skal samarbejde over lange stræk, hvor man kan miste modet og troen på, at den rette løsning nu virkelig også er den realisable løsning. Endelig og ikke mindst kræver det, at der hele vejen i

"Denmark's Best Office Building" – has grown out of a fluke of two different efforts to achieve the best imaginable workplace, (aside from possibly the cows' green summer meadow under a clear blue sky)

"Danmarks bedste kontorhus" er vokset ud af et lykketræf af to forskellige bestræbelser på at skabe den bedst tænkelige arbejdsplads næstefter koens grønne sommereng under åben himmel

actors and disciplines must work together over long periods, where one can lose courage and belief that the right solution now really is capable of being realized. Finally, and not least of all, it requires a builder and everyday user who cares for his surroundings, and who is not content with second best.

In Middelfart Savings Bank 3XN has found a client, who places importance on both the immediate everyday surroundings and the world around them. Or you could say that an ambitious and considerate client has found an architect that is at the forefront of architectural research into open, behaviour optimizing workplaces of the future. This is an ideology that fits well with the self-management, trust-based organizational structure of the Savings Bank and its responsibility philosophy. Obviously, not all concepts can be given concrete physical expression. Middelfart Savings Bank had already repeatedly been awarded Denmark's best workplace before it moved into the new house. And 3XN had already proven that its workspace thinking can be applied in many scenarios, evolving from its educational buildings like Ørestad Gymnasium, another of the studio's works of the recent years. The approach for the needs-oriented, tailored and well worked-out design was to create different geometrically interesting expressions such as the open square / staircase / plateau of the Savings Bank. This approach is found in all 3XN buildings – for example, in the upcoming new 'Denmark's Aquarium, The Blue Planet, the expression takes the form of a spiral whirl.

Yet, as it unfolds below, the story of the new Middelfart Savings Bank headquarters – a building that the architecture critic of the Danish daily newspaper Politiken dared to call "Denmark's Best Office Building" – has grown out of a fluke of two different efforts to achieve the best imaginable workplace, (aside from possibly the cows' green summer meadow under a clear blue sky). As Danish newspaper, 'Politiken'

processen findes en bygherre og daglig bruger, der vil noget med sine fysiske omgivelser og ikke lader sig nøje med det næstbedste.
I Middelfart Sparekasse har 3XN fundet en erhvervsbygherre, der i den grad vil noget med både eget hus og verden omkring. Eller man kunne sige, at en ambitiøs og medtænkende bygherre har fundet en arkitekt, der står midt i en afgørende arkitektonisk undersøgelse af, hvad fremtidens åbne, adfærdsskabende og oplevelsesrige arbejdsplads er for en størrelse. Et arbejde, der er kongenialt med Sparekassens erfaringer med selvledelse, tillidsbaseret organisation og ansvarsfilosofi.

Selvfølgelig lader ikke alle begreber sig give konkret fysisk udtryk. Sparekassen var allerede flere gange kåret som Danmarks bedste arbejdsplads, før den flyttede ind i det nye hus. Og 3XN har allerede bevist, at arbejds-rumstænkningen kan udvikles i en uddannelsesinstitution som tegnestuens Ørestad Gymnasium. Ligesom det behovsorienterede, skræddersyede og gennemarbejdede kan gives andre geometrisk interessante udtryk end Sparekassens åbne torv/trappe/plateau – det vil man for eksempel se i det kommende nye Danmarks Akvarium, Den Blå Planet.

Men alligevel viser historien om Middelfart Sparekasses tilblivelse, som den udfoldes nedenfor, at det hus som Politikens arkitekturanmelder godt turde kalde "Danmarks bedste kontorhus", er vokset ud af et lykketræf af to forskellige bestræbelser på at skabe den bedst tænkelige arbejdsplads næstefter koens grønne sommereng under åben himmel: Sparekassens og tegnestuens. Som Politiken skrev, er der tale om "den hidtil mest konsekvente udlægning af tegnestuens adfærdstænkning, hvor brugernes gang gennem huset tænkes ud fra, hvordan den giver mest social værdi – frem for, hvordan den bliver tidsbesparende. En arbejdsplads skal være ramme om fysiske møder, ellers kunne man jo bare arbejde hjemmefra."

wrote, this is "the hitherto most consistent interpretation of the studio's behavioural thinking, where users' circulation through the building is based on how it generates most social value – instead of how it will save time. A workplace should be a framework for face to face meetings - otherwise one might as well work from home."

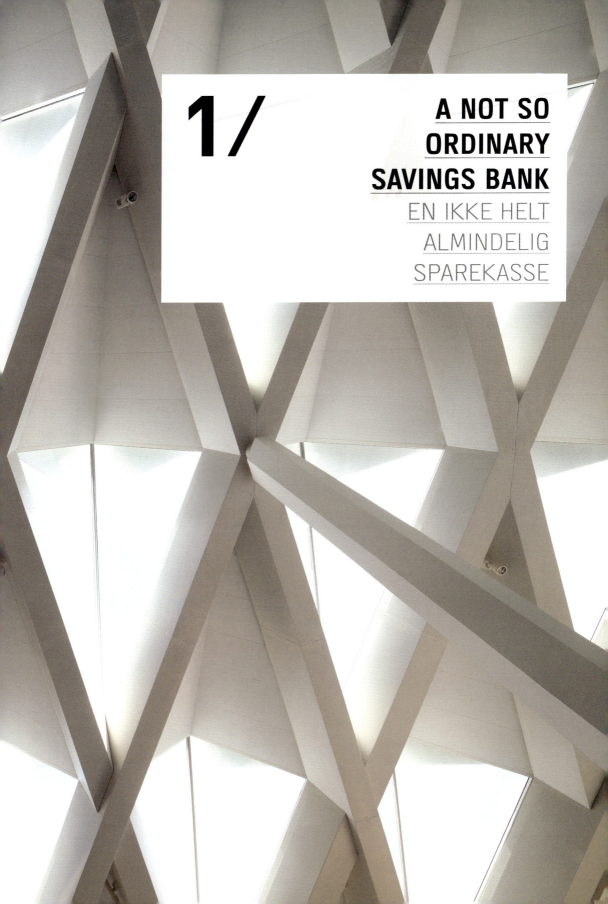

1/ A NOT SO ORDINARY SAVINGS BANK
EN IKKE HELT ALMINDELIG SPAREKASSE

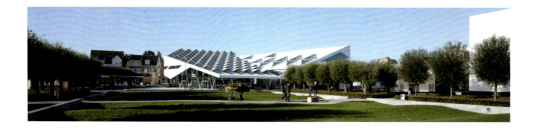

The Best Workplace in Denmark

On the surface, it seemed that the task was pretty simple. Middelfart Savings Bank wanted a new Headquarters. As the local bank in a small town some solid red bricks, a pitched roof like the rest of the surrounding townhouses, and plenty of parking spaces would suffice. One could imagine also that there would be no need for anything special, preferably just something that blends somewhat invisibly into the street. After all, customers were the locals and as they would be paying for the building and walking by it each day, it might be better not to make too much of it. Indeed, an opinion might be to build it a little bit anonymous and boring, staying on the 'savings safe' side.

But if that was the perception, one might think again. Firstly, Middelfart Savings Bank has recently and repeatedly been awarded the title of 'Best Workplace in Denmark'. It was therefore the task of the architect to design nothing less than the best office building to work in. Secondly, the client was not going to settle for something ordinary. That would not fit their view of the world nor the way they perceive their customers and employees. They're all something special, both customers and employees. This could actually explain the secret behind their success – as a company and as a workplace; that they are able to recognize that which is special. Thus the question, shouldn't this be recognized in their company Headquarters?

Den bedste arbejdsplads i Danmark

Umiddelbart var arkitektens opgave sådan set ret enkel. Middelfart Sparekasse skulle have nyt hovedsæde. Nå, ja, den lokale bank i en mindre provinsby, tænker man så. Nogle solide røde mursten, saddeltag som på resten af byens huse og rigeligt med parkeringspladser. Ikke noget særligt. Helst bare noget der falder lidt usynligt ind i gadebilledet. Kunderne er jo også lokale. De skal gå forbi bygningen hver dag, og det er dem selv der skal betale den. Altså, ikke slå for meget ud med armene. Så hellere lidt for anonymt og kedsommeligt. Sparekasse-sparsommeligt.

Men hvis det var fordommen, så kunne man godt tro om igen. For det første er Middelfart Sparekasse de senere år adskillige gange og senest i 2009 blevet kåret som Danmarks bedste arbejdsplads. Så det drejede sig altså om at tegne intet mindre end Danmarks bedste bygning at arbejde i. For det andet havde bygherren ikke tænkt sig at nøjes med noget helt almindeligt. Det passede slet ikke til virksomhedens syn på verden og kunderne og medarbejderne. De er jo alle sammen noget særligt, både kunderne og medarbejderne. Måske er det faktisk hele hemmeligheden bag succesen. Som virksomhed og som arbejdsplads. At man kan se det særlige. Skulle det så ikke kunne ses på huset?

This could actually explain the secret behind their success – as a company and as a workplace; that they are able to recognize that which is special.

Måske er det faktisk hele hemmeligheden bag succesen. Som virksomhed og som arbejdsplads. At man kan se det særlige.

An Invitation

In the invitation letter for the April 2010 inauguration of the new Middelfart Savings Bank Headquarters one phrase hinted at what kind of Bank and ideology one was dealing with.

It read: "If you are considering a small gift to mark the occasion we would like to request books. "With a cheerful clarification adding, "We do not mean bank books." And then there was a reference to the bookstore 'Bog & Idé' in Middelfart, where the gift registry would be available.

A savings bank wants books? Alright, what next? In addition to the bookstore and a café, why not turn the ground floor into an art gallery, and install a library somewhere else in the building so that employees can rest and read during working hours? If this sounds quite normal, it will come as no surprise that it was the savings bank CEO's brother, who had written the oratorio that was premiered at the inauguration - Or that the CEO had recently been in Bangladesh to visit his great role model, Nobel Prize-winner Muhammad Yunus, inventor of micro credit and founder of the famous Grameen Bank. No, it is not surprising. This is simply how it is with Middelfart Savings Bank.

Indbydelsen

Da Middelfart Sparekasses nye bygning skulle indvies i april 2010, stod der i indbydelsen en sætning, der for den opmærksomme allerede antyder, hvad det er, vi har at gøre med her.

Der stod: "Påtænker du en lille gave i dagens anledning, så ønsker vi os bøger." Med den uundgåelige muntre tilføjelse, "nej, ikke bankbøger." Og så var der en henvisning til Bog & Idé i Middelfart, som ville have ønskelisten liggende.

En sparekasse der ønsker sig bøger. Javel, ja. Hvad bliver det næste? At der ud over en boghandel og en café også bliver indrettet et galleri i stueetagen, og længere oppe i huset et bibliotek, hvor medarbejderne kan ligge og læse i arbejdstiden? Hvis det lyder helt almindeligt, så vil det heller ikke undre, at sparekassedirektørens bror havde skrevet et oratorium, der blev uropført til indvielsen. Eller at direktøren kort forinden havde været i Bangladesh for at besøge sit store forbillede, Muhammad Yunus, opfinder af mikrokreditten og stifter af den verdensberømte Grameen Bank. Nej, det kan ikke undre. Sådan er det hele vejen igennem med den sparekasse.

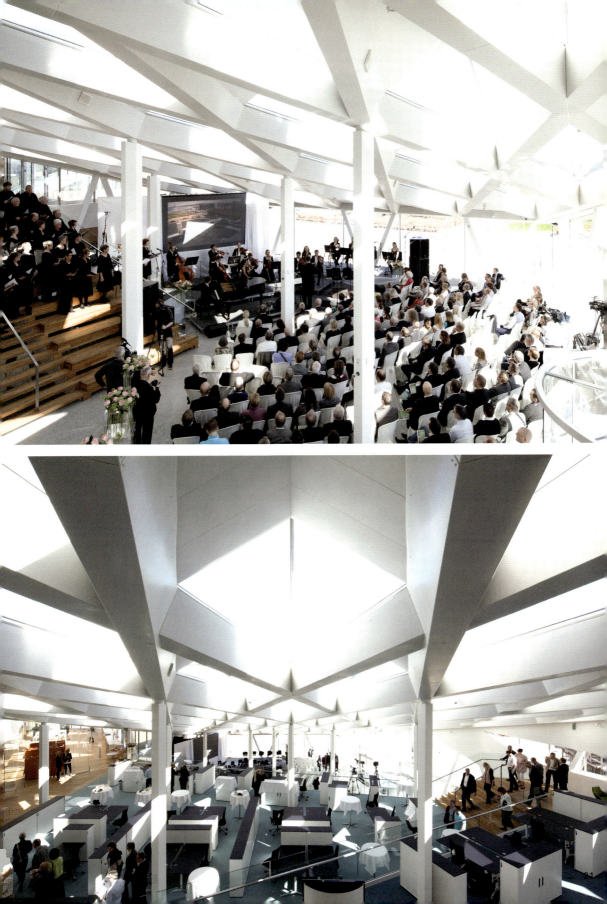

Since 1853

'Spare- og Laanekassen for Middelfart og omegn' was founded in 1853 by a local association for the support of needy artisans and the likes. It was the dawning of the co-operative movement in Denmark, when peasants and artisans began the redeployment of the basic resources that may be termed Denmark's quiet revolution. The need to bypass the big landowners and bankers of the old elite in order to finance their own projects – a shop, a workshop, a dairy, a high school – demanded that the saved up pennies made their way from the stockings and the mattresses and into in a common fund.

It was in any respect modest conditions, and the word 'support' in the association's name that should be understood literally. It was long before the poor and unemployed were socially recognized as eligible for public assistance and private philanthropy or collective self-help was the only option. In accordance with the Enlightenment's spirit, the establishment of the savings bank in addition to a social purpose also had a popular educational element. Good citizens would guide the commoners for an economically sound life in "thrift, tactfulness and industriousness" as it was expressed. It would not only contribute to social stability if people could be persuaded to save instead of spending the weekly pay on brandy. Savings were also the cash basis for local investment and growth. Since savings banks were formed on local initiative and by a number of guarantors – who were both depositors and borrowers – they had a local presence, which ensured both the economic and social objectives. Since the beginning, Middelfart Savings Bank was thus an integral part of the town of Middelfart.

The local integration still exists very much today. Middelfart Savings Bank is involved in a myriad of local initiatives and events ranging from music festivals, sports events, yacht

Siden 1853

'Spare- og Laanekassen for Middelfart og omegn' blev stiftet i 1853 af en lokal 'Forening til trængende Håndværkere og andres Understøttelse'. Det var i den gryende andelsbevægelses tid, da bønder og håndværkere i Danmark begyndte den omfordeling af de grundlæggende ressourcer, der kan kaldes Danmarks stille revolution. Behovet for at kunne finansiere egne projekter – en butik, et værksted, et mejeri, en højskole – uden om den gamle overklasse af privilegerede, var indlysende, men krævede at man fik de opsparede skillinger og rigsdaler op af folks strømpeskafter, ud af madrasserne og ind i en fælles kasse.

Det var i enhver henseende beskedne forhold, og ordet 'understøttelse' i foreningens navn, skal forstås bogstaveligt. Det var længe før fattige og arbejdsløse blev samfundsmæssigt anerkendt som berettigede til hjælp fra det offentlige, og privat filantropi eller kollektiv hjælp til selvhjælp var den eneste mulighed. I overensstemmelse med Oplysningens ånd havde etableringen af sparekasserne ud over et socialt sigte også et folkeopdragende element. Gode borgere ville vejlede almuen til et økonomisk fornuftigt liv i "sparsommelighed, tarvelighed og arbejdsomhed", som det blev udtrykt. Det ville ikke alene bidrage til den samfundsmæssige stabilitet, hvis man kunne få folk til at spare op, i stedet for at købe brændevin for ugelønnen. Opsparingen var også det kontante grundlag for lokal investering og vækst. Da sparekasserne blev dannet på lokalt initiativ og af en kreds af garanter – der samtidig var kassernes kunder som indskydere og låntagere – fik de en lokal forankring, der sikrede både det økonomiske og det sociale sigte. Lige fra begyndelsen har Middelfart Sparekasse således været en integreret del af byen Middelfart.

Den lokale integration gælder i høj grad også

races, a ceramics museum and the local arts centre/concert hall 'Kulturøen,' the waterfront structure that replaced the industrial warehouses. This is in addition to the philanthropic activities such as development assistance to Africa. The Savings Bank website lists just as many bank activities, local events and initiatives as it does banking services. Indeed one can have doubts about what Middelfart Savings Bank's core function really is: Whether it is to be an actor in the community or a commercial bank owned by local actors.

The answer is probably that the question should be rephrased. A Middelfart Savings Bank wouldn't exist as it is today if it had not continued its local commitment to society as the starting point for its banking business.

i dag. Sparekassen er involveret i et utal af lokale initiativer og arrangementer lige fra større byggerier på havnefronten som det lokale kultur- og koncerthus 'Kulturøen' og boligerne, der erstattede industribygningerne, til musikfestivaler, motionsløb, keramikmuseum, kapsejlads og udviklingsbistand til Afrika. På Sparekassens hjemmeside optræder den lokale aktivitetskalender og de mange arrangementer som Sparekassen er initiativtager til eller en del af på lige fod med pengeinstituttets kerneydelser. Ja, faktisk kan man komme i tvivl om, hvad der egentlig er Sparekassens kernefunktion: Om det er at være aktør i lokalsamfundet eller en bankforretning ejet af de lokale aktører.

Svaret er formentlig, at spørgsmålet er forkert stillet. Der ville sandsynligvis slet ikke være nogen Middelfart Sparekasse, som den ser ud i dag, hvis ikke den havde fortsat sit lokalsamfundsmæssige engagement i forlængelse af og som udgangspunkt for pengeinstituttet.

Aerial views of Middelfart Savings Bank. Its distinctive roof has earned the building its nickname, 'the grater.'/Middelfart Sparekasse set fra luften. Det markante tag har givet huset kælenavnet 'rivejernet'.

A Philosophy of Responsibility

The most crucial event in Middelfart Savings Bank recent history is undoubtedly the appointment of Hans Erik Brønserud to CEO in 1990. Brønserud had already been the Director for some years when he received the opportunity as sole Director to put his stamp on the company. He transformed it into an extremely transparent and outward-looking organization, based on principles of so-called 'self management' and a work ethic, which strongly involves the individual's commitment. As early as the beginning of the 1990's Middelfart Savings Bank started a practice of ethical accounting and reporting. These accounts encourage employees, customers and citizens in the community to discuss the future development of the bank. Self-management as a philosophy means that it is largely left to the individual employee to make decisions and thereby take responsibility for the management not only of her own work but the entire business. One might think that a company which has successfully practiced self-management for years would be immune to the classic problem of the strong leader, who makes the organization extremely vulnerable at the moment he or she withdraws. But some argue that Hans Erik Brønserud indeed is Middelfart Savings Bank. Having been ranked as the best workplace in Denmark for many years, has resulted in Middelfart Savings Bank becoming an interesting case study for students in business schools and universities. In one of these studies, employees of the Savings Bank indeed express concern for a future without Brønserud.

Vice President Claus Moser, who has been with the Bank since Brønserud became CEO applies a different perspective, stating that the corporate social responsibility of the bank, would not be as strongly perceived (both internally and externally), if it depended on a single person. Leadership style replaces the very

Ansvarsfilosofi

Den mest afgørende hændelse i Middelfart Sparekasses historie i nyere tid er uden tvivl udnævnelsen af Hans Erik Brønserud til administrerende direktør i 1990. Brønserud havde allerede været direktør i nogle år, da han fik mulighed for som enedirektør at sætte sit præg på virksomheden. Han ændrede den til en ekstremt transparent og udadvendt organisation, baseret på principper om såkaldt 'selvledelse' og en arbejdsetik, der kraftigt involverer den enkelte medarbejders engagement. Middelfart Sparekasse var desuden tidligt ude da man allerede dengang i begyndelsen af 90'erne indledte en praksis med aflæggelse af et etisk regnskab. Regnskabet er et debat oplæg, der opfordrer ansatte, kunder og borgere i lokalsamfundet til at diskutere Sparekassens udvikling. Selvledelse som ledelsesfilosofi indebærer, at det i høj grad er overladt til den enkelte medarbejder at træffe beslutninger og dermed tage ansvar for ledelsen ikke blot af sig selv men af den samlede virksomhed. Man kunne mene, at en virksomhed der med succes har praktiseret selvledelse i en årrække, ville blive immun over for det klassiske problem med den stærke leder, der gør organisationen uhyre sårbar i det øjeblik han eller hun trækker sig tilbage. Men flere hævder, at Hans Erik Brønserud *er* Middelfart Sparekasse. Den flerårige kåring til Danmarks bedste arbejdsplads har gjort Middelfart Sparekasse til en interessant virksomheds-case for studerende på handelshøjskoler og universiteter, og der foreligger derfor flere studier, i hvilke medarbejdere i Sparekassen giver udtryk for bekymring for Sparekassens fremtid uden Brønserud.

Omvendt argumenterer underdirektør Claus Moser, der har været i Sparekassen siden Brønserud blev administrerende, for at virksomhedens sociale engagement både indadtil og udadtil, ikke ville kunne sætte sig så stærkt igennem, hvis det afhang af en enkelt person.

Space for professional sparring, informal meetings and knowledge sharing./Rum til faglig sparring, uformelle møder og videndeling.

comprehensive framework of company rules and expresses instead the sense of responsibility that should regulate relations between employees, customer relations and community relations. The basic corporate philosophy – its 'values' as it is called in modern language of business – is articulated in six sentences that appear in everything the bank communicates. They are even printed on the coffee machines in the company, so employees get them, if not with their morning caffeine fix, then with their afternoon coffee break.

The six maxims: 1. Treat customers as you want to be treated. 2. Each customer relationship must be a two way street. 3. Never acquire a Savings Bank customer by speaking disparagingly of our competitors. 4. Be honest with yourself, towards your colleagues and to customers. 5. You must treat your colleagues as you want to be treated. 6. You are the Savings Bank, even when you are not at work.

According to these principles it is very much up to the individual employee to "be" the Savings Bank. Another dimension is added when this is combined with the fact that Middelfart Savings Bank is often equated with the town of Middelfart. As some of the employees put it, if there is ever any negative publicity in the media about the Savings Bank, it becomes extra unfortunate because it also brings negative publicity to the town of Middelfart. There is a story which occurred amidst the worst days of the financial crisis, where one bank after another was accused by angry customers of giving frivolous or bad advice. Citizens of Middelfart were very pleased when the Savings Bank appeared on national television news to openly admit an error in one case where they had given bad advice and as a result would pay the client's losses. It was a very concrete expression of the morality that underlies Middelfart Savings Bank values, as reflected by a strong sense of responsibility. This sense of responsibility as a guide for Middelfart Sav-

Ledelsesstilen erstatter netop det omfattende regelsæt og udtrykker i stedet den ansvarsfølelse, Sparekassen finder bør regulere forholdet medarbejderne imellem, forholdet til kunderne og til lokalsamfundet. Den grundlæggende virksomhedsfilosofi – dens 'værdier' som det hedder på moderne virksomhedssprog – er formuleret i seks sætninger, der optræder i alt hvad Sparekassen kommunikerer. De er sågar optrykt på kaffeautomaterne i virksomheden, så medarbejderne får dem, om end ikke ind med modermælken, så dog med eftermiddagskaffen.

De seks leveregler eller 'bud' lyder: 1. Du skal behandle kunderne som du selv ønsker at blive behandlet. 2. Ethvert kundeforhold skal være en forretning, både for kunden og for sparekassen. 3. Skaf aldrig sparekassen en kunde ved at tale nedsættende om vore konkurrenter. 4. Vær ærlig over for dig selv, over for dine kolleger og over for kunderne. 5. Du skal behandle dine kolleger, som du selv ønsker at blive behandlet. 6. Du er sparekassen, også når du ikke er på arbejde.

Som man kan se, lægger principperne det i høj grad over på den enkelte medarbejder at "være" Sparekassen, som det udtrykkes. Det forhold får en yderligere dimension, når det bliver sammenholdt med, at der ofte bliver sat lighedstegn mellem Sparekassen Middelfart og byen Middelfart. Som flere medarbejdere udtrykker det, er det ikke godt med negativ omtale i fx medierne af Sparekassen, for det virker som negativ omtale af hele Middelfart. Borgerne i Middelfart må således have glædet sig, da Sparekassen, midt i de værste finanskrisedage, mens den ene bank efter den anden blev anklaget af vrede kunder for at have givet letsindig og dårlig rådgivning, kom i tv-programmet Kontant på DR1, fordi de åbent indrømmede, at de i et tilfælde havde givet for dårlig rådgivning og derfor betalte kundens tab. Det var et meget konkret udtryk for den moral, der ligger til grund for Middelfart Sparekasses værdier, og som kommer til udtryk som en stærk følelse af ansvar. Ansvarsfølelsen

ings Bank as an organization and enterprise appears as a triangle, in which employees, sponsors (ie owners / customers) and the local community reinforce each other in mutually binding responsibilities.

som ledetråd for Sparekassen som organisation og virksomhed kan ses som en trekant, hvor medarbejderne, garanterne (altså ejerne/kunderne) og lokalsamfundet bestyrker hinanden i et gensidigt forpligtende ansvar.

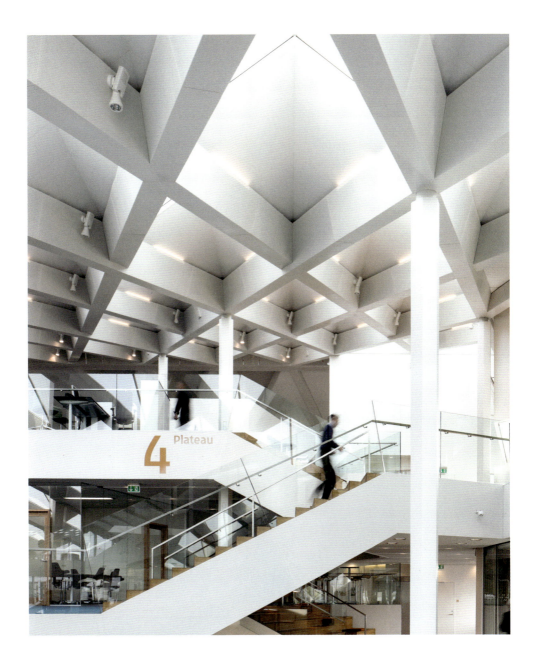

2 / THE BRIEF FOR AN AMBITIOUS BUILDING

BYGGEPROGRAM FOR ET AMBITIØST HUS

Building Needed

The dynamic triangle that symbolizes Middelfart Savings Bank's business philosophy was to form the base element in the design for the new building. Although not intentional in the beginning, it also went into the work of both the landscape architect and the graphic identity of the Savings Bank.

Until the late sixties Middelfart Savings Bank was headquartered in a strong, national romantic red-brick building on the south side of Algade street; 'real bank - looking', but not very modern, and not spacious enough to accommodate the bank's growth during that period. Instead a new building more in line with the spirit of the age was built on the other side of the street. This building was made of concrete, both material-wise and in its expression, and without any connection with the architecture of the town surrounding it. As commented by 3XN in the studio's competition entry, it was built "at a time when it was felt that progress required a more unsentimental attitude – buildings were designed the way it was found

Husbehov

Den dynamiske trekant man kunne tegne som diagram over Sparekassens virksomhedsfilosofi skulle blive et helt konkret, gennemgående formelement i designet af det nye hus. Den sammenhæng har dog ikke på noget tidspunkt af designprocessen haft karakter af symbol, selv om trekanten i sidste ende kom til at indgå i både landskabsarkitektens arbejde og Sparekassens grafiske identitet.

Indtil slutningen af tresserne boede Sparekassen i en solid, nationalromantisk rødstensbygning på sydsiden af Algade. 'En rigtig bank' at se til, men ikke særlig moderne og ikke rummelig nok til at huse periodens vækst. I stedet byggede man på den anden side af gaden et hus i tidens ånd, det vil sige i beton både som materiale og udtryk uden nogen sammenhæng med købstadsarkitekturen rundt om. Som det bemærkes i 3XNs konkurrenceforslag om Sparekassens eksisterende bygning fra 1968, så blev den opført "på et tidspunkt, da man mente at fremskridtet krævede en mere usentimental holdning – man byggede huse som man nu

'A real bank'. The Savings Bank took its place in a rather traditional building until the 1968 construction in unsentimental concrete - A style without much concern for its surroundings."En rigtig bank'. Sparekassen boede traditionelt solidt, indtil man i 1968 byggede i usentimental beton. I en stil, der ikke kerede sig meget om sine omgivelser.

Neighbours on the new 'Bellevue' waterfront - attractive housing right on the brink of the Lillebælt strait./Genboerne på den nye 'Bellevue' havnefront - attraktive boliger direkte til Lillebælt.

to be appropriate, without much concern for 'the historical'. Since then most of us have become wiser; the city is perceived as an organism which grows and changes slowly – and not in an abrupt and revolutionary way. A harmonious development doesn't exclude buildings from looking as if they have been built in modern times as long as one understands the subtle design rules to follow."

Not only was this unsentimental building ugly, to put it bluntly and now seen with contemporary eyes, but it was also in a bad state. Over time the concrete showed increasingly bigger cracks and renovation costs were becoming prohibitive. In 2004, a thorough investigation into the Savings Bank's needs for physical facilities was launched, and options of renovation or a new build were investigated. This study involved all employees in a comprehensive process which showed needs and wants.

syntes de skulle se ud, uden at bekymre sig meget om 'det gamle'. Siden er de fleste blevet klogere; byen betragtes som en organisme som vokser og forandrer sig langsomt – ikke abrupt og revolutionært. En harmonisk udvikling udelukker ikke at bygningerne ser ud som om de er bygget i vore dage, blot man forstår at aflæse de underliggende regler som skal følges."

Men ikke blot var dette usentimentale hus med vor tids øjne grimt, for nu at sige det ligeud, det havde det også skidt; betonen slog stadig større revner og renoveringsomkostninger begyndte at blive prohibitive. Så i 2004 igangsatte man en grundig undersøgelse af Sparekassens behov for fysiske rammer og mulighederne for at bygge om eller bygge nyt. Undersøgelsen inddrog alle medarbejdere i en omfattende proces, hvor man dannede sig en fornemmelse af behov og ønsker.

A Building Brief for the Everyday Space

The study formed the basis for the design competition brief. The competition was designed as a so-called parallel assignment involving six architects. 3XN (or 3 x Nielsen, as they were called then), Henning Larsen Studios (today Henning Larsen Architects), PLOT (the two owners, Julien de Smedt and Bjarke Ingels have now gone their separate ways, Bjarke Ingels has founded BIG and Julien de Smedt starting a studio in his own name), Schmidt Hammer Lassen (SHL), Exner Architects in collaboration with a local studio, Crone & Duedahl, and Karl R. Rasmussen, also from Middelfart. The brief indicated where the participating studios were resident, and one senses an intentional geographical mixture of two Copenhagen firms (Henning Larsen and PLOT), two from Aarhus (3XN and SHL), and two locally based, one in collaboration with an Aarhus firm.

The brief stated that the client would like to see the existing concrete building included in the new build. The idea was most probably that in this way renovation / rebuilding (financially modest and unpretentious) could be combined with the ambitious company branding of the new build. One would thus get something new, more functional and interesting without offending the Savings Bank's customers. Again, one should consider Middelfart Savings Bank's role as completely integrated in the town of Middelfart. A comprehensive transformation of the waterfront was taking place at the time, including the construction of a new arts centre and attractive housing situated right on the brink of the Lillebælt strait. The Savings Bank was involved in both projects, and though it was and still is in high esteem, it would be very foreign to the nature of the Savings Bank and its 'philosophers of responsibility' to provoke their own guarantors, the citizens of Middelfart, by overplaying the role of a local real estate tycoon.

Et byggeprogram for dagligdags rum

Undersøgelsen dannede grundlag for programmet til den arkitektkonkurrence man besluttede at udskrive. Konkurrencen blev udformet som et såkaldt parallelopdrag med deltagelse af seks arkitektfirmaer. 3XN (eller 3 x Nielsen, som de hed dengang), Henning Larsens Tegnestue (i dag Henning Larsen Arkitekter), PLOT (de to indehavere, Julien de SmeDt og Bjarke Ingels er i dag gået hver til sit, Bjarke Ingels har tegnestuen BIG og Julien de Smedt en tegnestue i eget navn), Schmidt, Hammer, Lassen (SHL), Exners Tegnestue i samarbejde med en lokal tegnestue, Crone & Duedahl, og Karl R. Rasmussen, også fra Middelfart. I programmet er det nøje anført, hvor tegnestuerne var hjemmehørende, og man fornemmer en bevidst blanding af to københavner-firmaer (Henning Larsen og PLOT), to fra Århus (3XN og SHL), og to lokale, den ene i samarbejde med et Århus-firma.

Programmet slog fast, at man gerne så, at den eksisterende bygning, betonbygningen fra 70'erne, indgik i nybyggeriet. Tanken var formodentlig, at man på den måde kunne forbinde renovering/ombygning (økonomisk, fornuftigt og uprætentiøst) med nybyggeri (markant og ambitiøst). Man ville således få noget nyt, mere funktionelt og spændende uden at fornærme nogen. Igen skal man betragte sparekassen i Middelfart som helt integreret med byen Middelfart. Man var netop på det tidspunkt i gang med en omfattende omdannelse af havnefronten med byggeri af et nyt kulturhus og attraktive boliger beliggende direkte til Lillebælt. Sparekassen var involveret i begge dele, og selv om venerationen for Sparekassen var og er enorm, ville det ligge den ansvarsfilosoferende ledelse fjernt at provokere dens egne garanter, borgerne i Middelfart, ved at overspille rollen som lokal magnat.

Langt mere betegnende for både Sparekassen og den færdige bygning, som den blev, er

The building must not radiate a classic fiscal domicile, but should be consistent with Middelfart Savings Bank values

Bygningen skal ikke udstråle klassisk finansdomicil, men være i overensstemmelse med Middelfart Sparekasses værdigrundlag

It would be very foreign to the nature of the Savings Bank and its 'philosophers of responsibility' to provoke their own guarantors, the citizens of Middelfart, by overplaying the role of a local real estate tycoon

Selv om venerationen for Sparekassen var og er enorm, ville det ligge den ansvarsfilosoferende ledelse fjernt at provokere dens egne garanter, borgerne i Middelfart, ved at overspille rollen som lokal magnat

Far more indicative, however, of both the Savings Bank and the building, as it was to become, is the brief's detailed expression of Middelfart Savings Bank as an extraordinary company and workplace with an unusually high status as an actor in the community. The authors of course began with the familiar clichés about wanting a "strong identity" and "a visionary and distinctive architecture" that would be "a beautiful and rewarding experience in everyday life." Other obvious inclusions were "exciting", "future-proof" and "high quality". It was probably no surprise to the candidates for the competition that the brief stressed a need for a "balance between the visionary and the sterling." Most business clients would like to hit that balance. There was no doubt, on the other hand, about the client being very sincere in what was said on the importance of everyday life, and this was something for the architects to explore on a deeper level.

The architects had taken note that the Savings Bank had mentioned a hook that they would like to place in the ceiling of an appropriate space in the new building. That would be the hook meant for hanging the Savings Bank Christmas Tree. This small detail was indicative of the Bank's commitment to community and a detail for the Architects to keep in mind.

Thus, the Savings Bank brief stated that like the Savings Bank itself, its new building would be a "conscious social actor" in the town. Therefore, transparency and openness to its surroundings was crucial. The wording contained even an implicit criticism of bank buildings in general: "in contrast to the introspection that this type of construction is often characterized by, the building must not radiate a classic fiscal domicile, but should be consistent with Middelfart Savings Bank value", it was said with no slight hesitation.

imidlertid programmets mange og detaljerede udtryk for Middelfart Sparekasse som en usædvanlig arbejdsplads med en usædvanlig stærk status som aktør i lokalsamfundet. Man indledte naturligvis med de velkendte klichéer om, at man ønskede sig en "stærk identitet" og "en visionær og markant arkitektur", der skulle være "en smuk og berigende oplevelse i dagligdagen". "Spændende", "fremtidssikret" og "høj kvalitet" var andre indlysende stikord. Det var måske heller ikke overraskende for konkurrencedeltagerne, at man lagde vægt på, at der skulle være "balance mellem det visionære og det gedigne"; hvilken erhvervsbygherre vil ikke ramme præcis den balance?

Til gengæld hæftede arkitekterne sig ved, at Sparekassens folk talte om en krog, de gerne ville have i loftet et passende sted i det nye hus. I den krog skulle Sparekassens juletræ gøres fast. Der var ingen tvivl om, at man mente det med det berigende i dagligdagen alvorligt, og her var der noget for arkitekterne at nærlæse.

Sparekassen erklærede således, at dens bygning – ligesom Sparekassen selv, forstod man – ville være en "bevidst social aktør" i byen. Derfor var transparens og åbenhed over for omgivelserne afgørende. Formuleringen indeholdt endog en implicit kritik af bankbygninger generelt: "i modsætning til den indadvendthed, som denne type byggeri ofte er præget af. Bygningen skal ikke udstråle klassisk finansdomicil, men være i overensstemmelse med Middelfart Sparekasses værdigrundlag", lød det med ikke så lidt fasthed.

Private Company with Public Space

The brief then included a whole list of activities and spaces that this community conscious social actor should have in the building. It was quickly noted that many of these were a bit out of line with an ordinary savings bank's operation. It should contain bank, its real estate agency, 'Et godt Hjem' (A Good Home), its insurer FYN, and apartments to be used as scholarship housing for artists. On the ground floor, space was requested for new retail tenants and not least "a large covered public space."

The latter is unusually controversial; a public space inside a private company? Is that at all possible - and if so, for what purpose? Public space is precisely characterized by being accessible to the public, meaning everyone, not just for its customers and guests. In a mall corridors and escalators, etc. can be considered semi-public spaces, since everyone has access to them, at least within the opening hours. But real public spaces are as unlimited in their availability as city streets and sidewalks. Only police and martial law can shut them off.

Even if the authors of the brief meant a semi-public space, there is no doubt that it again was the social responsibility mentality that kicked in. In their opinion, the community should be able to visit the Savings Bank without having a bank errand. This further demanded that the building signal an environment of openness, transparency and extroversion.

However, this openness can be provocative, as was experienced during construction. The staff has become accustomed to a few culture clashes which occur when they represent the unusually liberal values to the outside world. Vice President, Claus Moser tells about the bewildered man who was responsible for equipping the bank with security measures

Spaciousness as a metaphor for generosity led the design of the inner square of the Savings Bank./Rummelighed som metafor for generøsitet i udformningen af Sparekassens indre torv.

and was nearly driven mad because his client did not want armored glass in the windows of the ground floor.

Space was also required for a ladies' clothing shop, a bookstore, a cafe with "extra ceiling height in order to house a gallery" and a "specialized meeting room with distinctive architectural design" for meetings with representatives from Innovationshuset, ('the innovation centre'), in which the Savings Bank was a shareholder, and whose aim is to develop and create innovative companies. The existing tenants, the ever-expanding activities, and whatever else the future might turn up in terms of new ideas for this unusually exciting bank had to be included in the accommodation of the new building. The brief never specifically mentioned inclusiveness and generosity – yet it was what very clearly stood between the lines.

fortæller, hvordan den stakkels mand, der skulle ekvipere den nye sparekasse-bygning med sikkerhedsforanstaltninger, var ved at blive drevet til vanvid, fordi man ikke ville have panserglas i vinduerne i stueetagen.

Der skulle endvidere være plads til en dametøjsforretning, en boghandel, en café med "ekstra rumhøjde således at det er muligt at etablere et galleri", samt "et særligt mødelokale i en markant arkitektonisk udformning" til brug for møder med repræsentanter fra 'Innovationshuset', en konstruktion Sparekassen var medejer af, og hvis formål var at udvikle og skabe nytænkende virksomheder. Både de eksisterende lejere, de stadigt ekspanderende aktiviteter, og hvad der i øvrigt i fremtiden måtte dukke op af nye idéer i det aldrig stillesiddende konglomerat, skulle rummes i den nye bygning. Rummelighed som metafor i betydningen generøsitet sagde det ikke noget om. Men det var det der stod mellem alle linjerne.

Management Space and Space Management

Ideologically, this was a building brief that focused on the latest principles of learning organizations – providing space for knowledge sharing; cross-fertilization between disciplines, departments and workgroups; flexible space for alternating group and individual work; short decision-making and rapid response; for informal meetings and fluid boundaries between concentration, dialogue, relaxation and movement.

The brief also gave an indirect description of how the leadership style influenced the structure and hierarchy of the company. Although management should not be placed on the ground floor, it should have its place at "the heart of the building." Self management does not replace the traditional hierarchy – managers do still manage – but access to the leaders should be easy and informal. The mutual confidence that permeates the organization results in mutual respect: Staff do not run to management with little things; on the other hand staff is never rejected on the essentials. Quite simply, there is a short hierarchical distance between management and employees, between departments, and between staff and customers. This places special demands on the design, and it is clear that the authors of the brief were very conscious of that fact. Middelfart Savings Bank had, after all, 15 years of experience with this kind of organization before they built the building that would reflect it.

When Brønserud today shows the new building to visitors, he is proud of his beautiful, rhomboid office with views to both the sea and the interior square. But he never sits in there, he admits. The CEO prefers to be in the knowledge-sharing area among his staff. It's more fun, even for him.

Ledelsens rum og rummets ledelse

Endelig var der ikke overraskende tale om et byggeprogram, der lagde vægt på de nyeste principper om indretningen af den lærende organisation, som giver plads til videndeling, gensidig inspiration på tværs af faggrænser, afdelinger og arbejdsgrupper; fleksibel plads til skiftevis gruppe- og individuelt arbejde; fysiske rammer for korte beslutningsveje og hurtig respons; for uformelle møder og flydende grænser mellem koncentration, dialog, afslapning og bevægelse.

Programmet gav også en indirekte beskrivelse af ledelsesstilens indflydelse på virksomhedens struktur og hierarki. Direktionen skulle ikke placeres i stueetagen, men dog "centralt i bygningen". Selvledelsen erstatter ikke det traditionelle hierarki – direktører er stadig direktører – men adgangen til lederne er lettere og mere uformel. Den gensidige tillid, der gennemsyrer organisationen giver sig tilsvarende udslag i gensidig respekt: man løber ikke unødigt til ledelsen med småting, men løber omvendt heller aldrig forgæves med det væsentlige. Der er simpelthen fysisk kort mellem ledelse og medarbejdere, mellem afdelinger, og mellem personalet og kunderne. Det stiller særlige krav til udformningen, og det var programskriverne uhyre bevidste om. Middelfart Sparekasse havde trods alt haft 15 års erfaring med denne organiseringsform, før man byggede det hus, der skulle afspejle den.

Når Brønserud i dag viser rundt i Sparekassens nye hus er han stolt af sit flotte, romberformede kontor med udsigt til både vandet og bygningens indre torv. Men han sidder aldrig derinde, indrømmer han. Direktøren vil hellere være ude i videndelingen hos sine medarbejdere. Det er sjovere, også for ham.

Open Doors - and Closed

A special section in the brief focused on the customer service department. Headquarters and the Middelfart customer branch would share the building. The branch was placed on the ground floor adjacent to the semi-public square or foyer. Branch manager, Claus Hansen, believes today that in writing the brief and later in the dialogue with the architects that the Savings Bank staff was probably not sufficiently aware of the challenges this might cause. It resulted in one of the only true frustrations as the ground floor branch employees' initially high expectations met with some unique experiences.

They had to endure quite turbulent winds in the beginning that occur in the lane outside the main entrance ('we are pretty close to open water' says Claus Hansen). During the spring days when the building was brought into use, papers from their desks were flying freely across the ground floor. Moreover, they felt that they were tightly squeezed together, while there was plenty of open space in the waiting area where customers stood and shook themselves far apart. Acoustics was also affected as a result. And perhaps... there was a hint of the problem connected to the instruction in the brief that the work stations of the department should be organized as 'non-personal' (so that customers would not get a 'blank' impression of the department, as it was, because that invariably there would always be staff away on seminar or holiday).

Certainly there was no lack of responsiveness from management when they were alerted to the 'teething' problems in the middle of the joy of everything being new. Today, the difficulties are largely resolved, partly through better acoustic measures, and by modifying the use of one of the entrances.

Åbne døre – og lukkede

Et særligt afsnit i programmet handlede om privatkundeafdelingen. Hovedsæde og Middelfart filial skulle dele huset, og filialen måtte nødvendigvis ligge i stueetagen og altså samtidig i umiddelbar forlængelse af bygningens halv-offentlige torv eller foyer. Filialens leder, Claus Hansen, mener i dag, at man i programskrivningen og senere i dialogen med arkitekterne nok ikke var tilstrækkeligt bevidst om det sammenstød. I hvert fald var det ensbetydende med ibrugtagningens eneste store frustration, da de tårnhøje forventninger til det nye hus ikke umiddelbart blev helt indfriet blandt filial-medarbejderne i stueetagen. De måtte nemlig døje med turbulente vinde (vi er ret tæt på åbent vand), der opstod i gyden uden for hovedindgangen, og som de første forårsdage, da huset blev taget i brug, fik papirerne på skrivebordene til at flyve frit rundt i hele underetagen. Desuden følte medarbejderne i stueetagen, at de sad for tæt, også akustisk, mens der var masser af åben plads ude i venteområdet, hvor kunderne stod og skuttede sig langt fra hinanden. Måske kunne man ane problemet ved instruktionen i programmet om at afdelingens arbejdspladser skulle indrettes som 'ikke-personlige' for at kunderne ikke skulle få et 'tomt' indtryk af afdelingen, som det hed, fordi der uvægerligt altid ville være medarbejdere på kursus eller ferie e. lign.

I hvert fald var der ingen mangel på lydhørhed fra ledelsen, da de blev gjort opmærksom på problemerne midt i glæden over alt det nye. I dag er vanskelighederne stort set løst, bl.a. i kraft af bedre akustisk regulering, og ved at den ene indgang er taget ud af brug.

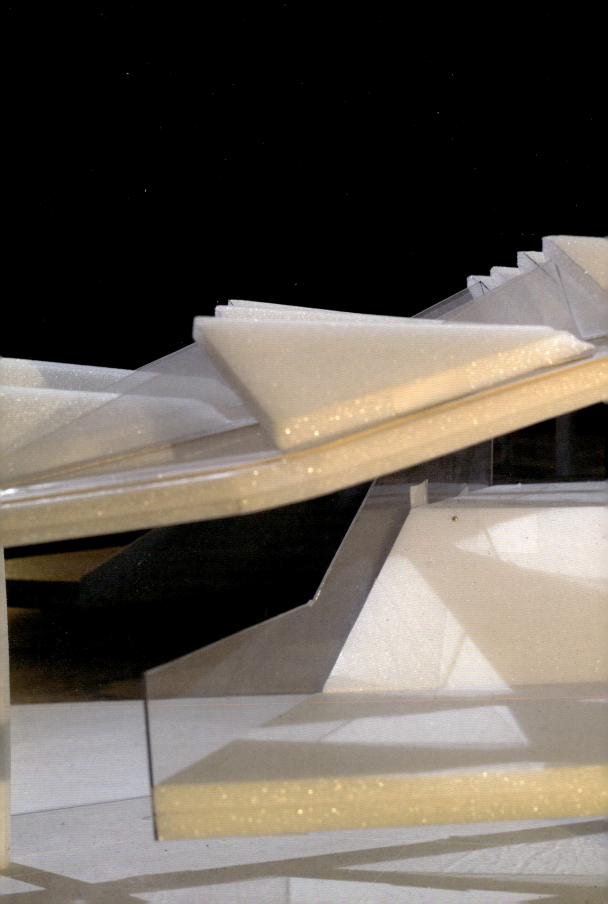

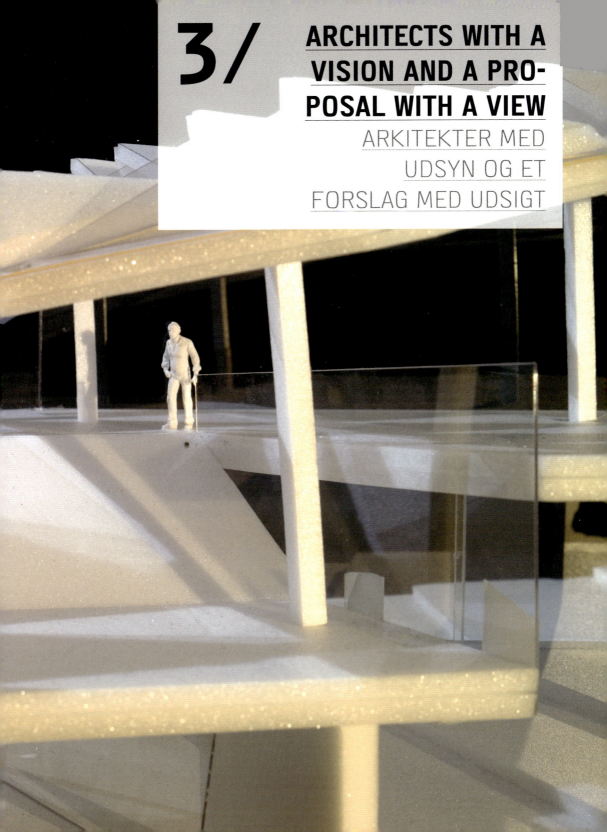

3/ ARCHITECTS WITH A VISION AND A PROPOSAL WITH A VIEW

ARKITEKTER MED UDSYN OG ET FORSLAG MED UDSIGT

Process

The design competition started with a series of seminars, in which the six teams of architects could meet the client, present their portfolio, and listen to the client's presentation of the Savings Bank and brief. Helle Lund Gregersen, who was the employees' representative on the jury remembers the last presentation session, when the studios were to indicate which direction they intended to pursue for the final actual competition phase. On that occasion 3XN was more or less "counted out," as she puts it, even before the actual competition was about to start. For the 3XN team had only a few sketches to show for, while some of the others, PLOT and SHL for example, presented almost complete projects.

"We must have been super lucky," says Jan Ammundsen. "As far as I remember, Morten Mygind, Kim Herforth, Tommy Bruun, Flemming Tanghus and I had quickly made a few sketches during the last three days before our presentation, and that was what we had on hand. Apart from that we mostly asked a lot of questions. Later I heard that we nearly had been excluded before the start because of that."

On top of that the competition deadline was rather short - just three weeks. In that situation both Helle Lund Gregersen and Jan Ammundsen feel that client advisors Niels Fuglsang and Pernille Egelund Johansen really were a great help. They had the experience to conclude that the three weeks that was available was enough time for 3XN to come up with a fully competitive proposal, provided they had done their research properly and had a sustainable idea.

It was exciting to be part of the jury, says Helle Lund Gregersen, although she initially found it difficult to see how anyone could build something based on the rather comprehensive brief. All in all it seemed pretty confusing. However,

Processen

Arkitektkonkurrencen var organiseret omkring dialogmøder mellem arkitekter og bygherre, arbejdstid til de deltagende tegnestuer og præsentationer for bygherren. Helle Lund Gregersen, der som tillidsmand var medarbejdernes repræsentant i dommerkomitéen husker godt det sidste præsentationsmøde, hvor tegnestuerne skulle vise, i hvilken retning de havde tænkt sig at arbejde i den afsluttende egentlige konkurrencefase. Her blev 3XN nærmest "dømt ude", som hun udtrykker det. For de havde kun nogle få skitser med, mens nogle af de andre, PLOT og SHL for eksempel, præsenterede næsten færdige projekter.

"Vi var vist superheldige", fortæller Jan Ammundsen. "Som jeg husker det, havde Morten Mygind, Kim (Herforth Nielsen, cb), Tommy Bruun, Flemming Tanghus og jeg skudt nogle skitser af i de sidste tre dage inden præsentationen, og det var hvad vi havde med. Derudover stillede vi mest spørgsmål. Og efterfølgende hørte jeg så, at vi nær var røget ud på den konto."

Konkurrenceperioden var tilmed forholdsvis kort, kun tre uger. Men her var bygherrerådgiverne (Niels Fuglsang og Pernille Egelund Johansen) vældig gode, mener Helle Lund Gregersen og Jan Ammundsen samstemmende. For som Jan Ammundsen siger, havde de erfaring nok til at se, at de tre uger der var til rådighed, var tid nok for 3XN til at tegne et gennemarbejdet konkurrenceforslag, hvis de ellers havde gjort deres forarbejde og havde en bæredygtig idé.

Det var spændende at være med i dommerkomitéen, synes Helle Lund Gregersen, om end hendes første tanke, da hun så det omfattende program, var, hvordan skulle man dog kunne bygge noget ud fra det. Det virkede temmelig uoverskueligt. Men arkitekterne imponerede og der var flere af forslagene der indeholdt mange gode idéer, PLOTs græs på taget, for eksempel.

the architects impressed her, and several of their proposals contained good ideas, like the grass roof in PLOT's proposal, for example. "Anyway, we all agreed that we certainly did not want a traditional domicile. It should match the Savings Bank's values," adds Helle Lund Gregersen.

After being received all proposals were locked in the boardroom, and each member of the jury was handed a key in order to be able to individually study the proposals during the following week. Apart from a few having reservations concerning the maintenance of the complex roof, there was general consent among the jury members that 3XNs proposal was really great, remembers Helle Lund Gregersen. Maintenance was not exactly what she was thinking of. She found the proposal "absolutely fantastic'" Especially a few renderings that showed the inner square and the view from the square to the upper levels she thought very persuasive. There was no doubt that it was a building that would provide a lot of light and air and space, which employees highly valued.

That is exactly the feeling she gets working in the completed building: "I feel it when I've been to a meeting out of the office in a darker board room and come back to the light in the Savings Bank. The daylight is wonderful and contributes to a positive energy." She deliberately circulates throughout the house and welcomes the opportunity to the professional exchange it provides in a natural way. The only flaw she can think of is the lack of view from the canteen to the kitchen, as she would like to watch the food being prepared.

"I believe most people in Middelfart have come to like the building," says Helle Lund Gregersen. "They think it looks like a cruise ship, and that is meant in a good way."

"Vi var enige om, at et traditionelt domicil skulle det i hvert fald ikke være. Det skulle passe til Sparekassens værdier", tilføjer Helle Lund Gregersen.

Da de færdige forslag var afleveret blev de låst inde i Sparekassens daværende bestyrelseslokale og så fik hver af dommerkomitéens medlemmer en nøgle, så de i en uges tid kunne komme og gå og studere forslagene. Bortset fra nogle bekymringer for vedligeholdelsen og tætheden af det komplicerede tag, var der enig begejstring hele vejen rundt i dommerkomitéen, husker Helle Lund Gregersen. Vedligeholdelsen var ikke det, hun tænkte på. Hun syntes 3XNs forslag var "helt fantastisk". Især nogle renderinger, der viste oplevelsen af det indre torv og kigget op i huset, fandt hun meget overbevisende. Der var slet ingen tvivl om, at det var et hus med masser af lys og luft og plads til og omtanke for medarbejderne i det daglige.

Og netop den følelse har hun stadig i det færdige hus: "Jeg mærker det, når jeg har været til møde i et mørkere lokale et andet sted og kommer tilbage til lyset i Sparekassen. Dagslyset er dejligt og med til at skabe positiv energi." Hun bevæger sig bevidst meget rundt i huset og glæder sig over det fællesskab og den faglige sparring, det naturligt giver. "Den eneste fejl er, at man ikke fra kantinen kan se ud i køkkenet og følge med i at maden bliver lavet", mener hun.

"Jeg tror, de fleste i Middelfart er kommet til at synes om bygningen", siger Helle Lund Gregersen. "De synes det ligner et krydstogtskib, og det er positivt ment."

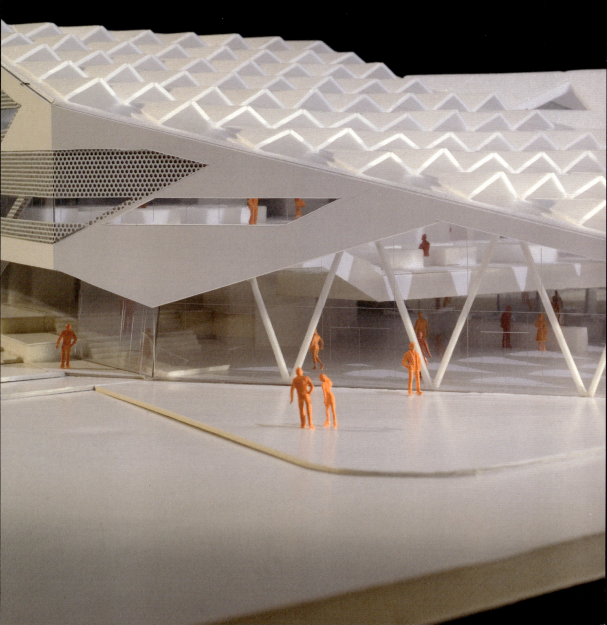

3XN Proposal

"Back then I used to wear a cap a lot," says Jan Ammundsen when asked how he and Kim Herforth Nielsen got the idea of the distinctive roof with its many dormers, a feature that more than anything characterizes the building. It is also the reason for the rather affectionate nickname - 'the grater'. The starting point of 3XNs proposal in the design competition for Middelfart Savings Bank was indeed how to provide natural light for employees working in the building while avoiding glare from the sun. With a plot almost bordering Lillebælt the architects had instantly pinpointed the possibility of providing all staff with a sea view. A luxury usually reserved for private homes and lighthouse keepers, one might say - but this was after all, to be the office of Denmark's best workplace! Moreover, it fit well with the workplace design the studio was developing at that time. Ørestad College, another of 3XNs buildings regarded as a radical and audacious expression of open working and learning space was already being built, and lessons learned rubbed off on the design of the Savings Bank.

"It was pretty amazing to meet a client and employer who took his employees this seriously," Jan Ammundsen says. The Savings Bank staff had even recorded a cd with a song about how much good staff meant to a company like the Savings Bank. Of course the young architects could not help but smile a bit about

3XNs forslag

"Jeg gik rigtig meget med kasket dengang", siger Jan Ammundsen, når man spørger ham, hvordan han og Kim Herforth Nielsen fik idéen til det markante tag med de mange kviste, der mere end noget andet karakteriserer bygningen, og som har givet den det kærlige tilnavn 'rivejernet'. Udgangspunktet for 3XNs forslag i arkitektkonkurrencen om Middelfart Sparekasse var netop, hvordan man undgår at få solen i øjnene, når man arbejder. Med en byggegrund næsten direkte til Lillebælt havde arkitekterne straks slået ned på muligheden for at give alle Sparekassens medarbejdere udsigt til vandet. En luksus normalt forbeholdt private boliger og fyrmestre ansat i farvandsvæsenet, men her var der jo trods alt tale om kontoret til Danmarks bedste arbejdsplads! Desuden passede det med det arbejdspladsdesign som tegnestuen var ved at udvikle på det tidspunkt. Ørestad Gymnasium, et andet af 3XNs radikale og dristige forsøg på at tegne det åbne arbejds- og læringsrum, var ved at blive opført, og erfaringerne herfra smittede af på designet af Sparekassen.

"Det var jo ret fantastisk at stå med en bygherre og arbejdsgiver, der i den grad tog sine medarbejdere alvorligt", som Jan Ammundsen siger. Sparekassen havde endog fået indspillet en cd med en sang, der handlede om, hvor meget medarbejderne betød. Den fik tegnestuen med hjem fra et af dialogmøderne. Det

"I used to wear a cap a lot, then." 3XN head of competition Jan Ammundsen on how the idea to the roof's 'cap peak' came about./*"Jeg gik rigtig meget med kasket dengang."* 3XNs konkurrencechef Jan Ammundsen om hvordan idéen til tagets 'kasketskygger' opstod.

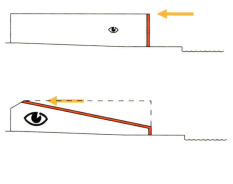

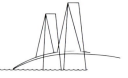

Daylight and a view also from the back row. Diagram showing the simple idea behind the shape of the building./Dagslys og udsigt også til dem på bagerste række. Diagrammet viser den enkle idé bag husets form.

that. But they respected the commitment that lay behind it. "So we talked a lot about how we could really do something for all the employees, and not just, as it is often the case, the management or the customers."

In large open spaces with many windows, there would, however, often be problems with overheating, glare, distracting light reflections in computer screens, etc. Therefore, some kind of screen would have to be provided, even if the main façade of the building would be facing north, as the light from the sky alone is strong enough to disturb any indoor workplace. Here Jan Ammundsen's cap came into the picture. The large roof is really one big window made up of countless (well, there are 83) variations of dormers with glass and built-in cap-like peaks.

The architects found out that if they turned the building bearing system and positioned the basic geometry along or perpendicular to the shore (as opposed to a traditional rafter construction that would lie across the prospect), the result would be long diamond shapes which would both support the building and ensure the views. Mount the roof on that structure, and one had the overall shape of the building with its long stretch towards the

kunne de unge arkitekter selvfølgelig ikke lade være med at trække på smilebåndet over. Men samtidig respekterede de det engagement, der lå bag. "Så vi talte meget om, hvordan vi her virkelig kunne gøre noget for alle medarbejderne, og ikke som det ofte er, direktionen eller gæsterne eller nogle få."

Men så var der jo lige det med, at i store, åbne rum med store lysindtag og masser af udsigt, ville der ofte være problemer med overophedning, blænding, generende lysreflekser i computerskærmene osv. Man måtte derfor finde en måde at skærme af i lige så høj grad som man åbnede for lyset. Ganske vist var udsigten nordvendt – man ser fra Sparekassens hovedfacade nordover op mod 'den nye' Lillebæltsbro og Kattegat – men lyset fra himlen alene er om dagen så kraftigt, at det vil være generende for en hvilken som helst indearbejdsplads. Det var her Jan Ammundsens kasket kom ind i billedet. Det store tag er i virkeligheden ét stort lysindtag disponeret som et utal (jo, de har et antal, nemlig 83) af små kviste med glas og indbygget 'kasketskygge'.

Arkitekterne fandt ud af, at hvis de vendte husets bærende system på skrå og den grundlæggende geometri på langs eller vinkelret på kysten, i stedet for en traditionel spær-

The large roof is really one big window made up of countless (well, there are 83) variations of dormers with glass and built-in cap-like peaks.

Det store tag er i virkeligheden et stort lysindtag disponeret som et utal (jo, de har et antal, nemlig 83) af små kviste med glas og indbygget 'kasketskygge'

water and an internal 'escalation' in the open interior space. "We then used that geometry to cut the shape of the building in its entirety," says Jan Ammundsen. They found that it would indeed be in the spirit of the Savings Bank if they generously used a part of the site to provide some land to the town of Middelfart in the form of a public square – "give space back to the town" as he puts it – and that piece was carved out from the structure using the geometric logic already established. The square should of course lie in front of the café facing west, so that one could make the best of the afternoon sun for sidewalk seating. That logic specified where a corner was to be cut off, and that would in turn have consequences somewhere else in the geometry and so forth.

The basic geometry is in fact rather simple. It consists of only three intersecting lines in the plane, and these three lines each run parallel to one of the building facades. Shifted and replicated these three lines form the large number of triangles and rhombuses, which are again lifted up and turned around and meet at several floors. And then instantly it becomes more dizzying. In this, geometry became a tool for the ambition of creating the optimum

konstruktion på tværs af udsigten, ville man få nogle lange rombe-former der både kunne bære huset og sikre udsigten. Lagde man tag på den konstruktion, fik man husets grundform med det lange stræk ned mod vandet og en indvendig 'optrapning' i et åbent rum. "Den geometri brugte vi så til at skære huset hele vejen igennem", fortæller Jan Ammundsen. Man fandt at det måtte være helt i Sparekassens ånd generøst at afgive noget af byggegrunden til byen i form af et offentligt torv – "give en plads tilbage til byen", som han udtrykker det – og det skar man så også ud ved hjælp af den allerede fundne geometris logik. Torvet skulle naturligvis ligge mod vest og i forbindelse med caféen, så man kunne udnytte eftermiddagssolen til fortovsservering. Det bestemte hvor hjørnet skulle skæres af og ville så have en konsekvens et andet sted og så fremdeles.

Geometrien er i udgangspunktet meget enkel. Den består kun af tre skærende linjer i plan. De tre linjer er hver for sig parallelle med en af husets facader. Det er disse tre linjer, der forskydes og gentages, så de danner et stort antal trekanter og romber, der igen løftes op og vendes og drejes og mødes i flere planer. Og så bliver det straks mere svimlende. Det

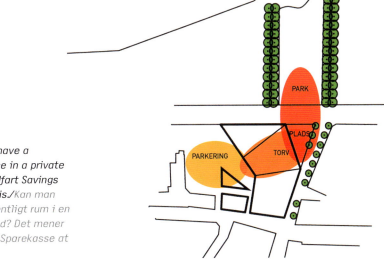

Is it possible to have a semi-public space in a private company? Middelfart Savings Bank believes it is./Kan man have et halv-offentligt rum i en privat virksomhed? Det mener man i Middelfart Sparekasse at man kan.

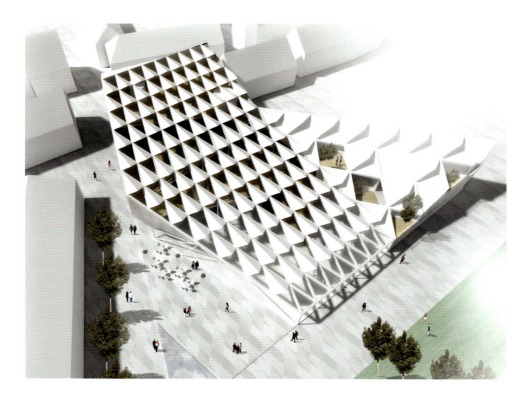

workplace, in which one would experience light and shadow, varying spatial formations, rhythm and movement, depth and vision. The Middelfart Savings Bank building is "designed from the inside," to a degree, as Kim Herforth Nielsen puts it.

"It is all about an issue we often discuss at the studio," explains Jan Ammundsen, "namely that we as architects should be able to solve the problems we create for ourselves. In the sense that if we, as it were, want to provide the whole building with a view, but in the process let too much light in, then we must find a solution to that problem. And it is this solution that makes all the difference. We could have said: Alright, that problem concerning the light – well, some kind of screening running up and down will just have to be mounted. It's been seen in lots of places and it will probably work out fine. But there will always be someone who – quite rightly – argues, well, does it mean that we can not look through the windows

geometriske blev i den forstand et styringsredskab for ambitionen om at skabe den optimale arbejdsplads med arkitektoniske oplevelser af lys og skygge, varierende rumdannelser, rytme og bevægelse, dybde og udsyn. Huset er i den grad er "tegnet indefra", som Kim Herforth Nielsen, udtrykker det.

"Det handler grundlæggende om noget vi meget ofte taler om på tegnestuen", forklarer Jan Ammundsen, "nemlig at vi som arkitekter skal være gode til selv at løse de problemer, vi skaber for os selv. Forstået på den måde, at hvis vi, som her, vil vi give hele huset glæde af udsigten, men på den måde får for meget lys ind, så må finde en løsning på det. Og det er den løsning, der gør hele forskellen. Vi kunne jo godt have sagt: Nå, det med lyset – jamen der skal bare være noget afskærmning, der kører op og ned. Det har man set masser af steder og det kan sådan set godt fungere. Men så vil der altid være nogen, der – med god ret – indvender, jamen kan vi så ikke se ud, når

when the screening is down? And who or what should control the screening, etc. etc., reasonable objections altogether."

The tilting part of the roof that points in a different direction than the main roof surface, was the subject of some headaches at the office. "We slept on it," says Jan Ammundsen. 'We were quite unhappy when we went home." For here they had the consistent, sloping shape of the overall design ready, and then it was disturbed by an element that pulled in a completely different direction. That element contained the last square footage, however, that was otherwise required in order to meet the brief.

"But when we came back the next morning, we looked at that tip, and we actually liked it. Sometimes it's good to sleep on it. This is another example of the need to solve the problems you create for yourself. We could as well have said: never mind the 1,600 square feet, they will just have to do without them. But then we wouldn't have solved the problem. We would have just pushed it along to those who were going to work in the building."

afskærmningen er nede? Og hvem eller hvad skal styre afskærmningen osv. osv. Alt sammen rimelige indvendinger."

Den del af taget, der ligesom vipper op i forhold til den dominerende tagflade, var genstand for en del hovedbrud på tegnestuen. "Den tog vi lige en nat på", siger Jan Ammundsen. "Vi var ret utilfredse, da vi gik hjem." For her havde man den konsekvente, skrånende hovedform, og så skulle den forstyrres af et element, der trak i en helt anden retning, som indeholdt de kvadratmetre, man ellers ville mangle i at opfylde byggeprogrammet.

"Men da vi så kom igen næste morgen, kiggede vi på den spids, og så syntes vi faktisk virkelig godt om den. Sommetider er det godt at sove på et problem. Men det er igen et eksempel på, at man skal løse de problemer man selv skaber. Vi kunne jo godt have sagt: skidt med de 500 kvadratmeter, dem må de undvære. Men så havde vi jo ikke løst problemet. Vi havde bare skubbet det videre til dem der skal bruge huset."

*3XNs rendering for competition proposal/*3XNs renderinger fra konkurrenceforslaget

Groundfloor / no scale
Plateau 0 / ikke i mål

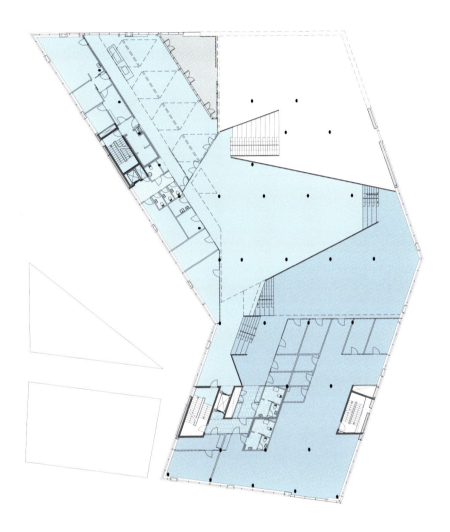

Floor 1 & 2 / no scale
Plateau 1 & 2 / ikke i mål

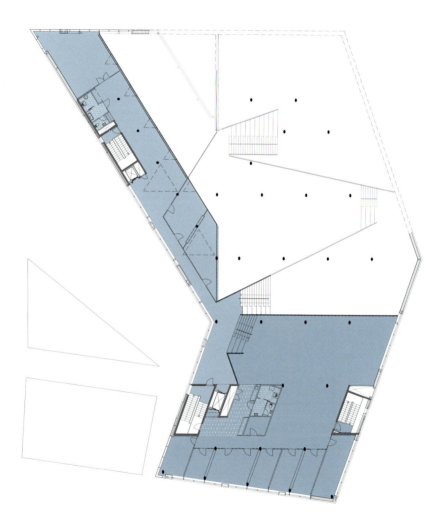

Floor 3 & 4 | no scale
Plateau 3 & 4 | ikke i mål

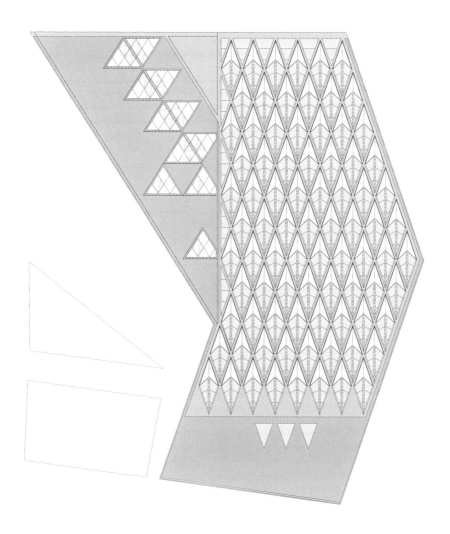

Roof | no scale
Tag | ikke i mål

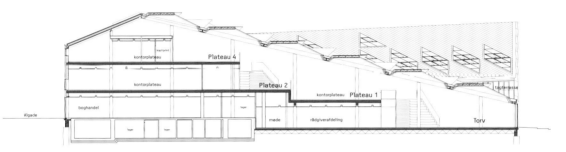

Section | no scale
Snit | ikke i mål

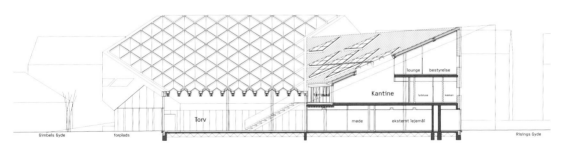

Section | no scale
Snit | ikke i mål

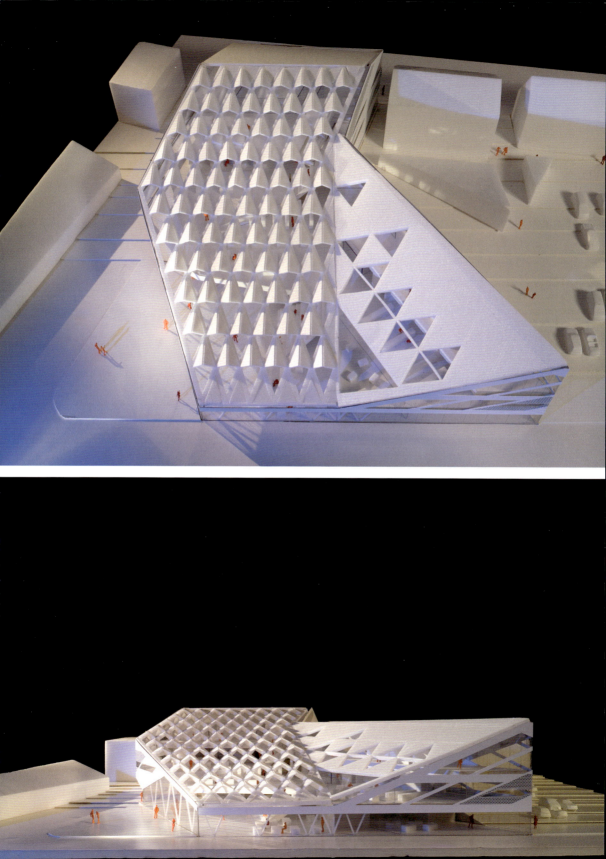

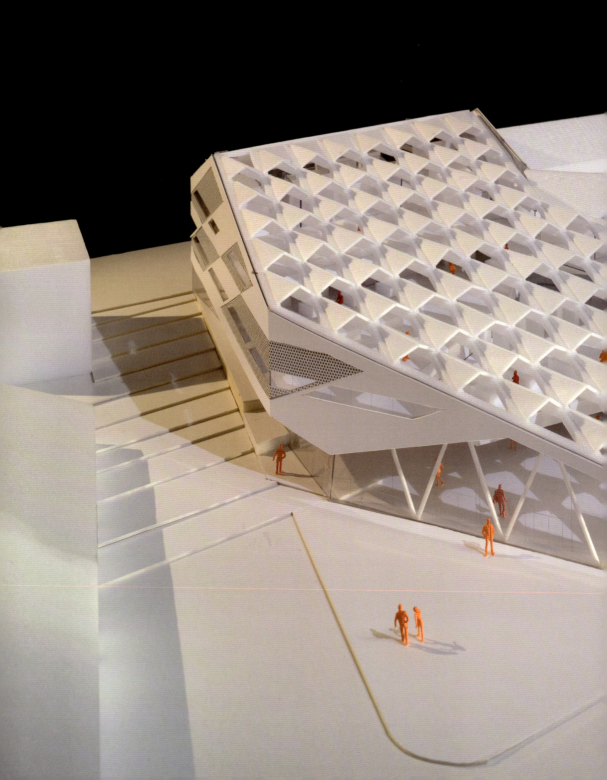

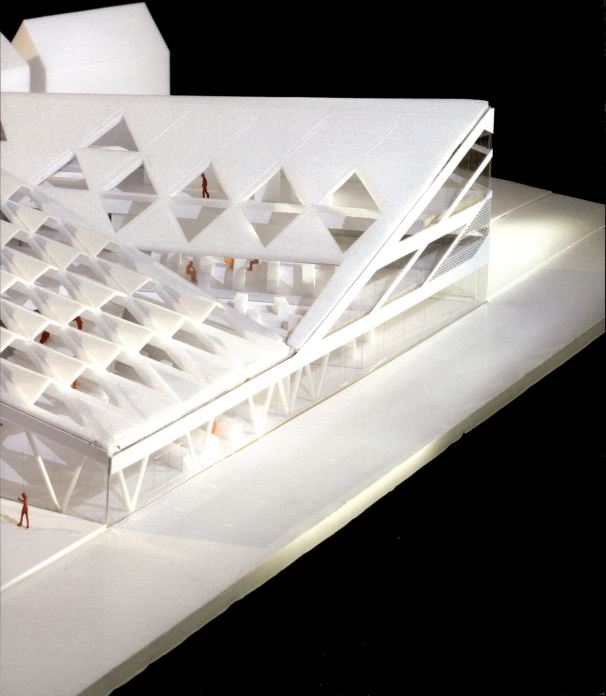

Complexity and Beauty

Middelfart Savings Bank was designed in a computer program called FormZ, and the thinking behind the program has influenced the design. It is a so-called 'solid-based' program, meaning that one does not draw flat, but in elements. It means a lot for the way the building is conceived; one is simply forced to think in three dimensional spaces and structures rather than in two-dimensional 'images' and layers. This particular program was in fact 'lacking a little bit behind', in terms of the rapid development taking place within the digital field, which meant, according to Jan Ammundsen that it was more in line with what one could actually build. It is no good if visionary architects are able to draw fabulous houses that are impossible to realize. "It is rather like the old – but largely true - cliché that if you can build a structure of cardboard and make it hold, you can also make it hold in full scale." In this way, the sketches made by the competition architects came to go very well together with the structural engineering that the design architects of the team who took over after the competition, necessarily had to relate to.

Kompleksitet og skønhed

Middelfart Sparekasse blev tegnet i et tegneprogram, der hedder FormZ, og skitseringen af konstruktionen er i vidt omfang blevet til i forlængelse af den tankegang, der præger programmet. Det er såkaldt 'solid-baseret', hvilket vil sige at man ikke tegner flader, men elementer. Det betyder meget for den måde man tænker huset på. Man bliver simpelthen tvunget til at tænke i tredimensionelle rum og konstruktioner i stedet for i todimensionelle 'billeder' og lag. Samtidig var tegneprogrammet en lille smule bagefter tegneteknisk i forhold til den hastige udvikling, der foregår på det digitale område, og det betød ifølge Jan Ammundsen, at det var bedre i overensstemmelse med det, som man rent faktisk kunne bygge. Det nytter jo ikke noget, at visionære arkitekter kan skitsere fantastiske huse, som er umulige at realisere. "Det minder lidt om den gamle – men stort set sande – kliché om, at kan man bygge en konstruktion i pap, og få den til at holde, så kan man også få den til at holde i virkeligheden." På den måde kom konkurrencearkitekternes skitser til at hænge vældig godt sammen med det byggetekniske, som projekteringsarkitekterne der tog over, nødvendigvis måtte forholde sig til.

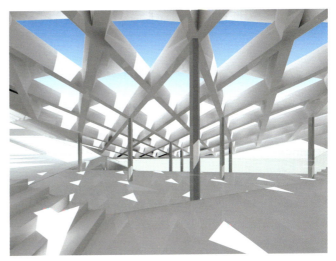

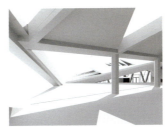

Light and shadow changes, sun spots moving during the day. Building design turns a skylight into a clock with a view./Varierende lys og skygge, solpletter der flytter sig i løbet af dagen. Bygningens konstruktion gør at dens lysindtag fungerer som et ur med udsigt.

Making the countless angles and complex clashes of the building work is very much to the credit of the design architect's team,' says Jan Ammundsen. In the studio there is always something of a showdown between the architects who make the competition proposal and the design architects. In the case of Middelfart Savings Bank the challenge was outright vicious. Therefore, the willpower of the design team to maintain the building as it was (the one that had won the competition) and as the one that should be built, represents something very special.

Jan Ammundsen: "Rasmus (design manager Rasmus Kruse) constructed the columns according to the overall geometry, which has governed the design and which the building suggests. The belief that they are drawn correctly and therefore must meet this way when constructed - to be able to maintain that faith, and have the willpower to find out how it can be done - that's insanely difficult. And that's why it's a dream for a studio to have someone like Rasmus, who has the capacity to take over the idea behind the building – because it is just an idea and a sketch – and to in fact make it happen."

Another example is what the 3XN architects call 'dual programming' of the unique variation of dormers: That it is the same surfaces that create shade during the day, create light in the evening. To not have lights hanging down from the ceiling is highly satisfying aesthetically not only for architects, but also for the rest of us who experience a simplicity and a whole and may not be entirely clear about what lies behind the effect. But that is often the result of this desire to find a constructive solution which corresponds to the idea behind the design in an elegant way. A way of translating complexity into beauty, one might say, although neither Jan Ammundsen, Rasmus Kruse or Kim Herforth Nielsen would use such big words to describe such things.

At man dernæst rent faktisk kunne få alle de utallige vinkler og komplicerede sammenstød som Middelfart Sparekasses bygning består af til at gå op, er i høj grad projekteringsholdets fortjeneste, siger Jan Ammundsen. Der er altid tale om lidt af en styrkeprøve mellem skitseringen og projekteringen. Men her nærmer udfordringen sig det deciderat ondskabsfulde. At projekteringsholdet havde viljestyrken til at fastholde, at det hus der var blevet tegnet, og som havde vundet konkurrencen, også var det der skulle kunne bygges, er udtryk for noget helt specielt.

Jan Ammundsen: "Rasmus Kruse (designansvarlig arkitekt på projekteringen) gik jo for eksempel ind og lavede søjlerne i den her overordnede geometri, som har styret designet og som huset lægger op til. At kunne fastholde troen på, at de er tegnet rigtigt, og så er det da den her måde de skal mødes på også når de skal bygges; at kunne fastholde den tro og have viljestyrken til at finde ud af, hvordan det kan gøres, det er sindssygt svært. Og det er jo derfor, det er en drøm for en tegnestue at have sådan en som Rasmus, der har kapacitet til at overtage idéen til huset – for det er jo bare en idé og en skitse der skal realiseres – og virkeliggøre den."

Et andet eksempel er det arkitekterne kalder 'dobbeltprogrammeringen' af kvistene: At det er de samme flader, der skaber skygge om dagen, som skaber lyset om aftenen. At man ikke har lamper der hænger ned. Den slags er stærkt tilfredsstillende, ikke blot for arkitekter, men også for os andre, der oplever en enkelhed og en helhed, og måske ikke er helt klar over, hvad det er der ligger bag effekten. Men det er netop ofte et resultat af denne vilje til at finde den konstruktive løsning, der modsvarer idéen i designet på en elegant måde. En måde der oversætter kompleksitet til skønhed, kunne man sige, selv om hverken Jan Ammundsen, Rasmus Kruse eller Kim Herforth Nielsen (alle tre jyder) er meget for at bruge store ord om den slags.

Among the many buildings he has already designed, the Middelfart Savings Bank is one of those he is most pleased with, Jan Ammundsen admits. "Definitely. It is one of those projects where most things fit together. I guess I could say I have done well. I've passed. But the point is that Brønserud as client and Rasmus as design architect have passed as well. It is not often that everyone manages to hold onto the concept throughout. There are always plenty of opportunities to back out in a building process. At one point in the beginning there was something wrong with the sheet piling, and immediately the fighting began over who was to blame. In situations like that it is easy to lose courage, but that never happened. Everyone had the willpower to execute the project."

"Sometimes developers merely want us to draw their ideas," says Kim Herforth Nielsen. "That is a grave mistake of course. Behind the well-designed building there is a good client. There must be synergy between client and architect. Hopefully, we are able to spatially interpret our client's wishes and ideas. We ought to know how to do that. Clients who don't understand that risk impairing their own buildings." It is a matter of mutual respect, according to Kim Herforth Nielsen. "I respect that the savings bank manager knows more about finance than I do."

3XN is a studio that insists on using models to conceptualize designs. "We emphasize use of models precisely because we design from the inside rather than from the outside," Kim Herforth Nielsen explains. "I've visited other studios that make use of a 3D printer quite early in the process to find the form. They use the computer to design the building from the outside, and later they cram the content into that form. Our approach is exactly the opposite, as we put one layer of content on the other, trying to figure out how we can create synergy between the floors - how we can weave things together. Then, gradually, the outside of the building takes shape, and that's what makes it interesting."

Jan Ammundsen vil dog godt indrømme, at det blandt de mange huse han allerede har tegnet, er et af dem, han er mest glad for. "Ja, helt klart. Det er et af de projekter, hvor flest ting passer sammen. Jeg tror, jeg kan sige, at jeg har gjort det godt. Som i godt, bestået. Men pointen er, at det har Brønserud jo også som bygherre og Rasmus som projekteringsarkitekt. Det sker ikke så tit, at alle formår at holde fast på konceptet hele vejen. Der er altid masser af muligheder for at springe fra og trække i land i sådan en byggeproces. På et tidspunkt i begyndelsen var der for eksempel fejl i spunsningen, og så begyndte man jo at slås om, hvem det var der havde gjort noget forkert – i sådanne situationer er det let at blive svag, men det har der aldrig været tale om. Alle havde viljestyrken til at gennemføre projektet."

"Man møder da også bygherrer, der bare vil have at vi skal tegne deres idéer op", siger Kim Herforth Nielsen. "Og det er en total misforståelse. Et godt hus kræver en god bygherre. Der skal være synergi mellem bygherre og arkitekt. Vi er forhåbentlig i stand til rumligt at fortolke bygherres ønsker og idéer. Det skulle vi gerne være de bedste til. De bygherrer der misforstår det kommer til at forringe deres egne bygninger." Det drejer sig om gensidig respekt, mener Kim Herforth Nielsen. "Jeg har respekt for, at sparekassedirektøren har mere forstand på økonomi, end jeg har."

Det med at tegne husene 'indefra', giver sig udtryk i et karakteristisk træk ved 3XNs måde at arbejde på, hvor de anvender et stort antal hurtige arkitektur-modeller i pap. "Netop fordi vi tegner mere indefra end udefra, bruger vi i så høj grad modeller i skitseringen", forklarer Kim Herforth Nielsen. "Jeg har set andre tegnestuer, der har en 3D-printer til ret tidligt i processen at tegne en form. De bruger computeren til at lave en form på huset udefra, som de så bagefter skal proppe nogle funktioner ind i. Der har vi den stik modsatte proces, hvor vi sidder og lægger funktionelle lag oven på hinanden og siger: Hvordan skal synergien være

Finding just the right shape of the dormers took a lot of studying and testing./Det krævede omhyggelige studier at få den helt rigtige form på kvistene.

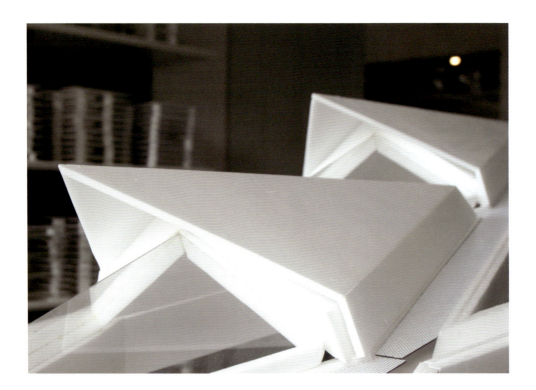

"Experience over time pushes the limits of what can be done," adds Kim Herforth Nielsen. "Hence, this has an effect on the architecture we do, not so much in terms of a style, but a few characteristic features will perhaps be recognisable. All the buildings are different, and any structure must represent the company, the spirit and the soul it contains. Yet there is a line in the overlapping relationship to the surroundings, patterns in the facades; something we work quite intensively with. In Middelfart Savings Bank there is a pattern in the triangular geometry of the roof and in the facades that fold up and down. The sloping cuts in the facade facing the pedestrian street are also a form of pattern, making an outward gesture to the surrounding neighbours."

mellem den og den etage, hvordan kan vi flette tingene sammen? Og så får vi form på huset efterhånden. Men det gør bestemt ikke den ydre form mindre interessant."

"Med alderen kommer der en erfaring for, hvad der kan lade sig gøre", tilføjer Kim Herforth Nielsen. "Så med tiden kommer der også en retning på det, vi har bygget, ikke så meget i form af en stil, men måske nogle få karakteristiske træk. De er alle forskellige, og det er vigtigt, for enhver bygning skal udtrykke den virksomhed, den ånd og den sjæl den indeholder. Men alligevel er der en linje i det, overlap, forholdet til omgivelser, mønstre i facaderne, som er noget, vi arbejder meget med. I Middelfart Sparekasse er der et mønster i tagets trekantede geometri og i facaderne, der folder op og ned. De skrå rids i facaden mod gågaden er også en slags mønster, der kommunikerer med omgivelserne."

4/ ENCOUNTERS WITH LOCAL HISTORY
NÆRKONTAKT MED LOKALHISTORIEN

Middelfart - A Very Danish Piece of Denmark

'Middel' means 'middle' and 'far(t)' means 'strait', and Middelfart was named after the waters between Jutland and Funen. It emerged in the 13th century on the side of Funen just opposite Snoghøj on the side of Jutland. As it lies there, sheltered from the west wind by the Hindsgavl peninsula, surrounded by water from three sides, Middelfart is a very Danish piece of Denmark of the kind you see in Jens Juel's paintings. It reminds you of an idyllic Hans Christian Andersen town with yellow, red or white-washed half-timbered houses with red tile roofs, which people live in, and the early 20th century red brick commercial and institutional buildings with their white casements known from the Danish market towns.

Its location between Lillebælt and Fænøsund is even in socio-economic terms typically Danish. Its proximity to water made it natural for people to make a living from fishing, shipping and trading during the times, when it was expensive, inconvenient and dangerous to travel over land. Not surprisingly, there is a ship on the town's coat of arms. Trade made Middelfart a strong and resourceful town through centuries. Already in 1496 Middelfart was given the status of market town. The resources are still there, in the dominant modern service industry, tourism: there are many hotels and attractive summer houses for rent both to the north along the coast to Strib and to the south to Assens. The proximity to the belt as an outpost in the transition from the mainland and the continent to the islands and thus the capital, was also strategically important, and Christian IV fortified the town with a moat in 1628. During the wars in 1848-50 and 1864 the town was provided with entrenchments and it took its share of the German bombardments.

Middelfart – et meget dansk stykke Danmark

Middel i Middelfart er 'mellem' og far(t) 'farvand', og Middelfart fik navn efter farvandet mellem Jylland og Fyn. Middelfart opstod som by i 1200-tallet på Fynssiden over for færgestedet Snoghøj på Jyllandssiden. Som den ligger dér, lunt i læ for vestenvinden af halvøen Hindsgavl, og med vand til tre sider og ø og land tæt på hele horisonten rundt, er Middelfart et ærkedansk stykke Danmark af den slags man kender fra Jens Juels malerier. Der er ikke så lidt H.C. Andersen-idyl over bybilledet med de gul-, rød- eller hvidkalkede bindingsværkshuse med røde tegltage, som folk bor i, og det tidlige tyvende århundredes solide arbejds- og institutionsbyggeri i røde sten og med hvide dannebrogsvinduer, som man kender det fra danske købstæder og stationsbyers rådhus, skole, station og mejeri.

Beliggenheden mellem Lillebælt og Fænøsund udtrykker også i samfundsøkonomisk forstand noget kernedansk, nemlig den nærhed til vandet, der gjorde det oplagt at leve af fiskeri, søfart og handel i al den tid, det var dyrt og besværligt og farligt at rejse over land. Der er ikke overraskende et skib på byvåbnet. Handelen holdt gennem århundrederne Middelfart ressourcestærk. Købstadsrettigheder fik byen allerede i 1496. I dag er ressourcerne stadig til stede i kraft af det dominerende moderne serviceerhverv, turismen: der er godt med hoteller og delikate sommerhuse at leje både nordpå langs kysten mod Strib og sydpå helt ned til Assens. Beliggenheden ved det snoede bælt som en forpost i overgangen fra hovedlandet og kontinentet til øerne og dermed hovedstaden, var også strategisk betydningsfuld, og Christian IV befæstede byen med en voldgrav i 1628. Under krigene 1848-50 og 1864 blev der bygget skanser uden for byen og den måtte tage sin del af de tyske bombardementer.

The war in 1864, however, was fatal to Middelfart for a different reason. With the loss of Jutland, the new border came worryingly close and thus military considerations became decisive, when the first rail ferry service between Jutland and Funen was established in 1866. On the Jutland side the rail station was placed within the fortress Fredericia's protective berms, relocating the crossing on the Funen side to the town of Strib, rather than at Middelfart. While Fredericia grew and later became the major railway hub, the artery which for 700 years had given life to Middelfart, withered . Still, the town managed to attract a number of large new institutions and industries like the Central Hospital of Funen and Jutland, an iron foundry and NKT's thread work. The haulage and ferry town of Middelfart became an industrial town with newly-built working-class districts, and construction of the Lillebælt Bridge in the early 1930s put further impetus to the development. In the 1980s the dismantling of industrial zones began and from the year 2000 hence there was a transformation along the waterfront for residential, services and cultural and recreational purposes. Also, this latest development one finds throughout the country, and provincial towns vying to build distinctive architectural landmarks that can generate interest and provide identity. Middelfart Savings Bank's new headquarters fits well into this picture. Geographically, culturally and architecturally, we are in the middle of Denmark.

Krigen i 1864 var dog skæbnesvanger for Middelfart af en anden grund. Med tabet af Sønderjylland og den nye grænse urovækkende tæt på kom militære hensyn til at veje tungest, da den første jernbanefærgeforbindelse mellem Jylland og Fyn skulle etableres i 1866. Da man på Jyllandssiden lagde banegården inden for fæstningen Fredericias beskyttende volde, flyttede overfartsstedet på Fynssiden tilsvarende nærmere Fredericia og kom til at ligge ved Strib i stedet for ved Middelfart. Mens Fredericia voksede og senere blev hele Danmarks trafikknudepunkt – 'Fredericia, alle skifter' – visnede den trafikåre, der i 700 år havde givet liv til Middelfart. Alligevel lykkedes det byen at tiltrække en række nye, store arbejdspladser: Statshospitalet for Fyn og Sydjylland, et jernstøberi og NKTs trådværk. Vognmands- og færgebyen Middelfart blev en industriarbejderby med nybyggede arbejderkvarterer, og byggeriet af Lillebæltsbroen i begyndelsen af 1930'erne satte yderligere skub i udviklingen. I 1980'erne begyndte afviklingen af industrierne og fra 2000 dermed forandringen af havnefronten til boligområde, serviceerhverv og kulturelle og rekreative formål. Denne seneste udvikling genfinder man overalt i landet, og provinsbyerne kappes om at opføre markante arkitektoniske vartegn, der kan generere interesse og give identitet. I det billede passer Middelfart Sparekasses nye hovedsæde ind. Både geografisk, kulturelt og arkitektonisk befinder vi os midt i Danmark.

New Construction in an Old Market Town

"Scale, openness and a positive contribution to the town" were the key words 3XN used in the presentation of the project to the jury. "We believe that it is possible to stick to the ordinary Danish town – you do not have to blow up the framework and the hierarchy of buildings, just because you build new." Thus this building is in compliance with a number of building codes in the existing cityscape. This applies to cornice and roof heights, the end towards the sky and the material gravity towards the street.

There is a crucial difference between designing a savings bank owned by its members, based in the local community, and a bank, such as Saxo Bank, another company 3XN has designed the headquarters for. "In Middelfart Savings Bank, people – customers, owners – come in from the street and they should feel safe and comfortable. It may well have an aura, but this building could not be flashy" as Kim Herforth Nielsen puts it. "Being humble the way it slides into the area and reaches out to people, it does – said in all modesty – also have a lot of aesthetic character, because of some recognizable elements."

"I'll have to tell the story about the day we were to present our proposal to the jury. Unfortunately I was traveling in the afternoon when we supposed to be presenting. So we tried to barter our time. We had to ask the Savings Bank, if we could present at 8 o'clock in the morning. As you can imagine, it might not just be the right start to chase the client out of bed. Secondly, we felt that they had to be a little brave to choose our proposal, as it is a rather advanced project. But we were pleasantly surprised. And I see that this building fits them very well. Building and client simply go well together."

At bygge nyt i en gammel købstad

"Skala, imødekommenhed og et positivt tilskud til byen", var de kodeord 3XN satte på huset i præsentationsmaterialet, og tilføjede så: "Vi tror på at det er muligt at holde fast i den almindelige danske købstad – man behøver ikke at sprænge rammerne og bygningernes indbyrdes hierarki, blot fordi man bygger nyt." Således overholder nybygningen en række koder i det eksisterende bybillede. Det gælder gesims- og taghøjder, afslutningen mod himlen og den materialemæssige tyngde mod gaden.

Der er afgørende forskel på at tegne en sparekasse, der er ejet af medlemmerne, som i vidt omfang er lokale, og så en bank, som for eksempel Saxo Bank, en anden virksomhed som 3XN har tegnet hovedsæde for, mener Kim Herforth Nielsen. "I Middelfart Sparekasse kommer folk – kunderne, ejerne – ind fra gaden og de skal føle sig trygge og godt tilpas. Huset må godt have en udstråling, men det må ikke være prangende" som Kim Herforth Nielsen udtrykker det. "Huset er ydmygt på den måde det glider ind i byen og rækker ud mod folk, men sagt i al beskedenhed, så slår det jo også fra sig, formmæssigt. Det har karakter, men i kraft af nogle genkendelige elementer."

"Jeg bliver nødt til at fortælle om den dag vi skulle præsentere vores forslag for dommerkomitéen. Det var så uheldigt, at jeg skulle rejse om eftermiddagen, da vi skulle præsentere. Så forsøgte vi at bytte vores tid, men der var ingen af vores kære kolleger, der ville bytte. Så vi var nødt til at spørge Sparekassen, om vi kunne præsentere allerede kl. 8 om morgenen. Og det var jo ligesom et forkert udgangspunkt, at man begynder med at jage bygherren ud af sengen. Dernæst havde vi det sådan, at de skulle altså være lidt modige for at tage det her, for det er et lidt avanceret projekt. Men

"We believe that it is possible to stick to the ordinary Danish town – you do not have to blow up the framework and the hierarchy of buildings, just because you build something new," wrote 3XN when they presented the project./"Vi tror på, at det er muligt at holde fast i den almindelige danske købstad – man behøver ikke at sprænge rammerne og bygningernes indbyrdes hierarki, blot fordi man bygger nyt", skrev 3XN i forbindelse med præsentationen af projektet.

"Our building is quite clearly very different, and yet it blends in with its surroundings," says Kim Herforth Nielsen. The aim obviously was to create something novel that on the other hand made an interpretation of the surroundings. "Some architects believe that what you build in a classical environment should also be classical. I think it's much more interesting to interpret the tradition in a modern way." Like the pattern in the façade towards Algade does, in the way it mimics or sends a greeting through the centuries to the neighbour, the half-timbered house from the 18th Century.

"Sometimes we succeed better than at other times; in this case, I think we have succeeded very well. Scale, style and gesture are consistent with the surrounding houses, while everything else in terms of materials is quite different. Yet it has a color scheme that makes it slip in among the stuccoed houses. It is white, but then there is a series of white stuccoed houses by the water. It is a part of town, but is something in itself. And that was exactly the intention."

der blev vi positivt overrasket. Og nu kan jeg jo se, at den her bygning i høj grad er dem. Hus og bygherre passede simpelthen til hinanden."

"Vores bygning er jo helt klart meget anderledes, og alligevel glider den ind" siger Kim Herforth Nielsen. Ambitionen har tydeligvis været at lave noget nyt, der dog forholder sig fortolkende til omgivelserne. "Nogle arkitekter synes at bygger man i et klassicistisk miljø skal det nye også være klassicistisk. Jeg synes det er meget mere interessant at fortolke traditionen på en moderne måde." Som med de skrå rids i facaden mod gågaden, der mimer eller sender en hilsen gennem århundrederne til bindingsværket i genbohuset fra 1700-tallet.

"Nogle gange lykkes det bedre end andre; her synes jeg det er lykkedes rigtig godt. Skala og snit er i overensstemmelse med de omkringliggende huse, mens det jo materialemæssigt er noget andet. Alligevel har det for eksempel en farveholdning, der gør, at det glider ind blandt de pudsede huse. Det er hvidt, men der jo også en række hvidpudsede huse nede ved vandet. Så det indgår, men er sig selv. Og det har været intentionen."

The Social and the Existent

The significance of the mutual cooperation with a client can hardly be exaggerated. From the outset Kim Herforth Nielsen sensed that the management of Middelfart Savings Bank had a strong social commitment. This became an important input for the architects. 3XN were already enthusiastically engaged with the idea of adapting workplaces and educational institutions in a way that architecture helps to promote dialogue, cooperation and general social behaviour.

Thus Kim Herforth Nielsen took note that at the first meeting with the invited architects, Middelfart Savings Bank showed them a large room used for Christmas celebration and other events. It was obvious that Middelfart Savings Bank was more than a bank, and that it played an important social role in the city. The architects asked whether it would be possible to demolish the existing building in order to start from scratch, which usually proves to be cheaper and opens up possibilities for a more satisfactory overall solution. "I believe that Jan and I asked in more than 25 different ways", smiles Kim Herforth Nielsen, "and each time their reply was the same: they wanted us to use as much as possible of the existing building. After all, it was a savings bank - they looked after the money." The existent, one understood, was important for the Savings Bank. Both in terms of the already existing social life, which the Bank intended to stay involved in and in terms of the Savings Bank's own history, which formed a natural part of its self-perception.

Det sociale og det eksisterende

Betydningen af det kongeniale samarbejde med en bygherre kan næppe overdrives. Kim Herforth Nielsen havde lige fra begyndelsen en fornemmelse af et stærkt socialt engagement hos Sparekassens ledelse, og det kunne være en vigtig krog for arkitekterne at hænge deres tilgang på. Hos 3XN var man i forvejen intensivt optaget af, hvordan man kan indrette arbejdspladser og uddannelsesinstitutioner, så arkitekturen bidrager til at fremme samtale, samarbejde og generel social adfærd.

Således hæftede Kim Herforth Nielsen sig ved, at Sparekassen til det første dialogmøde med de indbudte arkitekter fremviste et stort lokale i Sparekassen, der blev brugt til juletræsfest og den slags. Det var tydeligt, at Sparekassen var mere end blot et pengeinstitut, og at man spillede en vigtig social rolle i byen. Dernæst spurgte arkitekterne til muligheden for at nedrive den eksisterende bygning, for at kunne begynde helt forfra, hvilket som regel både er billigere, når det kommer til stykket, og åbner for en mere tilfredsstillende helhedsløsning. "Og jeg tror vi spurgte på mere end 25 måder, Jan og jeg", smiler Kim Herforth Nielsen, "og de svarede det samme hver gang, nemlig at de gerne ville have at vi brugte så meget som muligt af det eksisterende hus. Det var jo en sparekasse, de passede på pengene." I Sparekassen var det eksisterende vigtigt, forstod man. Både i form af det sociale liv, der allerede fandtes, og som man fortsat skulle bidrage til, og i form af Sparekassens egen historie, som naturligt indgik i selvforståelsen, og som man ikke uden videre kastede vrag på.

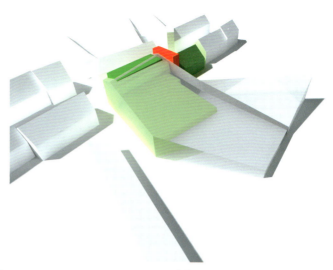

Adjusted to the scale of the surrounding structures the Savings Bank building is high towards the pedestrian street and low towards the sea./*Sparekassens bygning er afpasset de omkringliggende skalaer; højt mod gågaden og lavt mod vandet.*

By reusing some of the existing building structure the Savings Bank management wanted to signal common sense and fiscal prudence./*Sparekassen ville gerne genbruge noget af den eksisterende bygning. Ikke mindst for at sende et signal om snusfornuft og sparsommelighed.*

Light, Rhythm, Time and Space

3XN drew a proposal placing the new building on top of the existing. It was a terraced building sloping towards Havnegade overlooking the Lillebælt strait. This not only secured a spectacular view, but also allowed it to adapt to the surrounding buildings in terms of scale. It was tallest toward the pedestrian street, Algade, and gradually sloped towards the water. The roof of the building was also designed proportionate to the surrounding buildings – a nod to being inspired by typical Danish market towns and their many saddle roofs with dormers.

The dormer motif is repeated so many times in the roof of the Savings Bank that it forms a rather unique pattern unto itself. As sources of light they provide a pleasant and differentiating work light; and whether you move around or sit at the desk you have a view of the Lillebælt strait. Also the variation on the traditional dormer shape – a triangular cap shade - provides the necessary solar screening to the South. They allow sunbeams to penetrate making it possible inside the house to follow the sun across the sky.

"It gives a rhythm to the building and a diversity of light. It has both light and shadow, which is always a quality, as it makes it easier to sense the room you are in", explains Kim Herforth Nielsen. Dormers are both watches and binoculars, which tell the story of time and space around the building and in the everyday life of the employees.

This close and natural contact with the Bank's surroundings was of great importance to the architects - both as a form mirroring the Savings Bank's community involvement, and as a contribution to a bright and friendly workplace where architecture creates experiences.

Lys, rytme, tid og rum

3XN tegnede et forslag, hvor den nye bygning lå oven på den eksisterende men helt erstattede den. Det var et terrassehus, der skrånede ned mod Havnegade og udsigten over Lillebælt. På den måde ville det nye hus udover at få en fantastisk udsigt også være tilpasset i skala til de omkringliggende bygninger. Det var højest ind mod gågaden, Algade, med den øvrige bebyggelse, som den skulle stå i forhold til, og blev gradvist lavere ud mod vandet. Taget på bygningen blev også udformet i relation til den omgivende bygningsmasse, for det var inspireret af den typiske, danske købstads mange saddeltage med kviste.

Motivet med kvisten er i Sparekassens tag blot gentaget så mange gange, så det danner sit helt eget udtryk – et mønster – baseret på inspirationen fra traditionen. Som lyskilder giver de et behageligt men ikke ensformigt lys til arbejdet, og man har udsigt til Lillebælts konstant skiftende vandspejl, både når man bevæger sig rundt i huset, og når man sidder ved skrivebordet. Kvistene indeholder samtidig den nødvendige solafskærmning mod syd i kraft af selve deres form, der som nævnt minder om en trekantet eller knækket kasketskygge. De tillader solstrejf at trænge ind, så man inden døre kan følge solens gang over himlen. "Det giver en rytme i huset og en diversitet i lysforholdene. Man har lys og skygge, og det er altid en kvalitet, for så bliver det lettere at omfatte det rum man befinder sig i og færdes i det" forklarer Kim Herforth Nielsen. Kvistene er på én gang ure og kikkerter, der fortæller om tid og rum omkring bygningen og i medarbejdernes dagligdag.

Denne tætte, naturlige kontakt til omgivelserne lagde arkitekterne stor vægt på. Både som en formmæssig pendant til Sparekassens engagement i lokalsamfundet, og som et bidrag til at skabe en lys og venlig arbejdsplads, hvor arkitekturen skaber oplevelser.

The spacious interior square was designed as an answer to the overlap with the public space, which the Savings Bank's social role constitutes in the town. Now that the building is completed, it has been put to use by the local art school for art exhibitions, for market days for the Senior Citizens Club and many other activities. The square has two entrances making it possible to cross it and integrate it in the usual street traffic. "Considering the Danish climate, it is essential that there are places where you can experience things inside." And since the employees of the Savings Bank sit partly in the customer department in direct extension of the square, and partly on the mezzanines terracing upwards throughout the building, they can follow town life and the residents can easily interact with them. Architecture is to a very large extent about making contact, according to Kim Herforth Nielsen.

The stairs in the building encourage circulation making people move so they get a chance to meet each other throughout the day. Kim Herforth Nielsen calls the building a 'conversation room'. People meet and interact and share knowledge and experiences in an informal way. The stairs are not just a staircase, but also a seating area. "Around the first of every month there might be 25 people waiting in line for customer service," says executive secretary Rikke Dresing. "But then they sit down on the stairs to wait for their number to be called."

"At the inauguration the orchestra sat in front, while the choir stood on the stairs. And it was even a beautiful piece of music," says Kim Herforth Nielsen.

The inauguration was the culmination of a very good cooperation with an extraordinarily good client, says Kim Herforth Nielsen. Thus the project has not - as you so often experience – become weaker during the process. Rather, it's the contrary.

Det forbløffende rummelige indvendige torv blev tilsvarende udformet som svaret på det overlap til det offentlige rum, som Sparekassens sociale rolle udgør i byen. Nu, da huset står færdigt, er det for længst blevet taget i brug af den lokale billedskole til kunstudstilling, pensionistklubbens markedsdag og mange andre aktiviteter. Man lavede to indgange til torvet, så man kunne gå igennem det, og på den måde lade det indgå i byens almindelige strøgtrafik. "I det danske vejrbidte klima er det jo afgørende, at der er steder hvor man kan opleve noget inden døre", som Kim Herforth Nielsen siger. Og da medarbejderne i Sparekassen sidder dels i kundeafdelingen direkte i forlængelse af torvet, dels på de åbne terrasser op gennem huset, kan de følge med i byens liv, og byens borgere kan let komme i kontakt med dem. Arkitektur handler i følge Kim herforth Nielsen i vidt omfang om at skabe kontakt.

Trapperne i huset får folk til at bevæge sig, så de får mulighed for at møde hinanden og komme i kontakt. Et 'samtalerum' kalder han Sparekassens bygning. Folk mødes og interagerer og kan udveksle viden og erfaringer på en uformel måde. Trappeanlægget i huset er desuden ikke blot en trappe, men også et siddearrangement. "Omkring den første i hver måned kan der godt være 25 mennesker, der står i kø", fortæller en af medarbejderne, direktionssekretær Rikke Dresing. "Og så sidder de på trapperne."

Kim Herforth Nielsen tilføjer: "Til indvielsen sad orkestret nedenfor og koret der sang, stod på trapperne. Det var i øvrigt et rigtig fint stykke musik og en stor oplevelse. Ikke et øje var tørt."

Indvielsen var kulminationen på et virkelig godt samarbejde med en usædvanlig god bygherre, mener Kim Herforth Nielsen. Projektet er således ikke - som man ellers ikke sjældent ser det - blevet svagere undervejs, Tværtimod.

At the inauguration the seating-stairs were used as podiums for choir and orchestra./ Ved indvielsen udnyttede man siddetrappen til podier for kor og orkester.

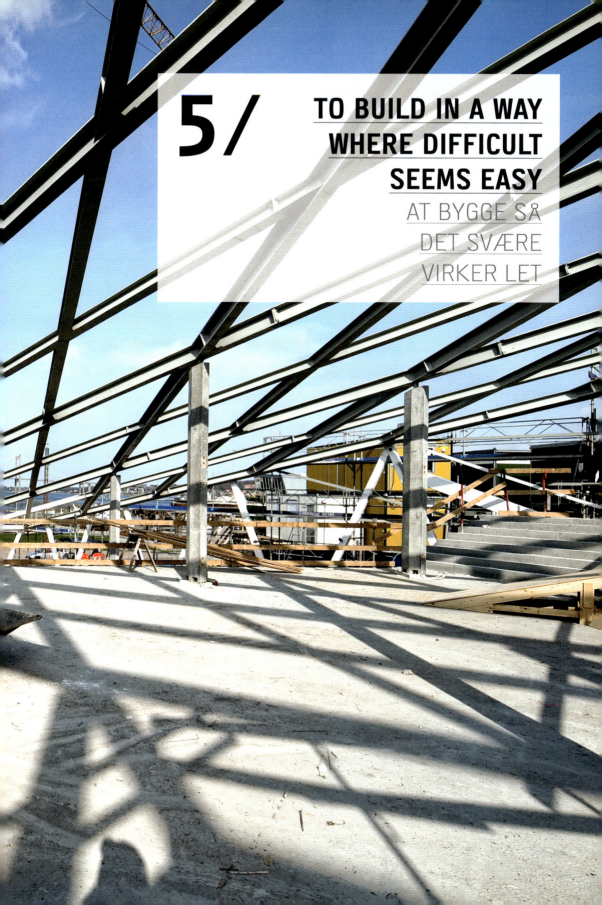

5 / TO BUILD IN A WAY WHERE DIFFICULT SEEMS EASY

AT BYGGE SÅ DET SVÆRE VIRKER LET

A Sophisticated Building

It may not be possible to see Middelfart Savings Bank from Outer Space, but on a late winter afternoon, perhaps a Thursday during the bank's extended hours, it shows as an unusually luminous fixed point on the shore behind the black water, when passing the Lillebælt bridge. Next time the Savings Bank becomes visible is either when one drives along the waterfront, where it pops up resembling the cruise ship on land seen by people in Middelfart. Or, in its whiteness, its location and its originality, it may pass as a relative of Arne Jacobsens Bellevue Buildings in Charlottenlund, even adding the same white housing structures and a park by the sea. The Herman Jensen Park, named after a former mayor, has been equipped with a pair of cheerful tidal waves of grass. Finally, one can also come across Middelfart Savings Bank when strolling on Algade, the pedestrian street, where it suddenly pokes its nose in the

Et avanceret hus

Man kan muligvis ikke se Middelfart Sparekasse ude fra Rummet, men en sen eftermiddag i vinterhalvåret, måske en torsdag i den lange åbningstid, er den et ualmindelig lysende fikspunkt på kysten bag det sorte vand, når man kører over Lillebæltsbroen. Næste gang man møder Sparekassen ser man den enten, når man kommer langs havnen, og den dukker op som det krydstogtskib lidt inde på land, som folk i Middelfart har set. Eller måske snarere i sin hvidhed, sin placering og sin originalitet som en slægtning til et arnejacobsensk Bellevue, med punkthus-boligerne og det lille grønne anlæg mod vandet. Anlægget, Herman Jensens, efter en af byens borgmestre, er forsynet med et par muntre tidevandsbølger af græs. Eller man møder Sparekassen på gågaden, lige overfor Holms Hotels rødkalkede 1700-tals bindingsværk stikker den frækt næsen frem og viser vej til sig selv.

air right opposite the red, limewashed 18th Century timbered Holm's Hotel.

If walking on Algade one can slip through the lane at No. 67, follow the white façade of the Savings Bank until the lane opens onto the parking lot, and the building bends creating an urban space, simultaneously drawing the passer-by towards the entrance, while 'saving' the sea view to the last moment. The Savings Bank, Havnegade and the Riisings Gyde laneway combine to create a well-defined space, quite different from the diffuse vacuum that exists behind the pedestrian streets' 'backdrop front' of many a provincial town, where any urban quality whatsoever will leak through parking lots and back streets. Schønherr, the landscape architect, has provided the two annexes in this little public space with espaliers, eventually turning the lane into a green and intimate place. Coming to the pedestrian street from the East, the Savings Bank façade marks one side of the Gimbels Gyde lane, sporting a ladies clothing boutique, a bookstore and a

Kommer man ad gågaden Algade fra vest kan man slå ind i passagen ved nr. 67 og gå langs den hvide facade til passagen åbner sig og bliver til parkeringspladsen, og huset samtidig knækker og skaber et byrum, der dels trækker den passerende hen mod Sparekassens ene indgang, og dels 'gemmer' kigget mod havet til sidst. Sparekassen, Havnegade langs vandet og Riisings Gyde skaber tilsammen et veldefineret byrum i stedet for det diffuse tomrum bag gågadernes 'kulissefront', som man ser det i mange provinsbyer, hvor byen ligesom siver ud gennem parkeringspladserne og baggaderne. Landskabsarkitekterne fra Schønherr har beklædt de to annekser i byrummet med espaliers, så hele denne side af gyden med tiden vil blive begrønnet og fremstå tæt og intim. Kommer man ad gågaden fra øst møder man Sparekassens facade som markerer den ene side af Gimbels Gyde med en tøjforretning, en boghandel og en café inden for Sparekassens bygning. Inden gyden løber ud i Havnegade, trækker Sparekassen sig tilbage, og der dannes et torv med udsigt til Lillebælt

Due to the geometry of the building it creates urban spaces of great variety all around its base./I kraft af sin geometri danner huset varierede byrum omkring sig.

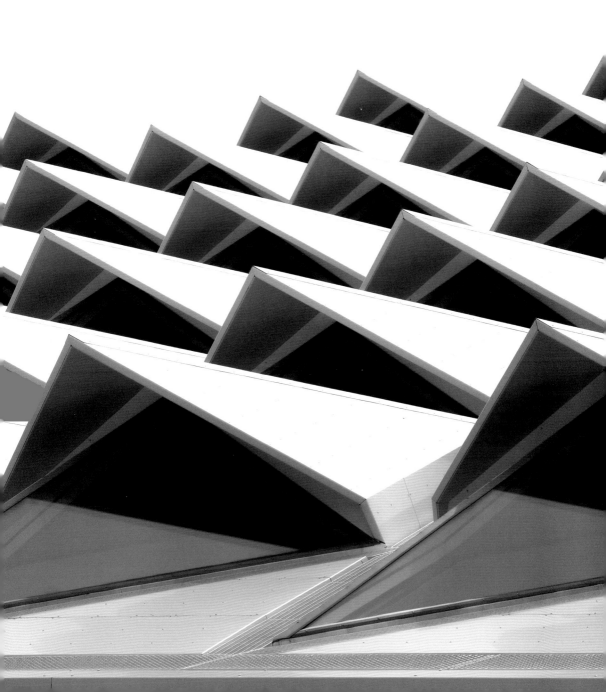

cafe within the Savings Bank building. Before the lane runs into Havnegade, the building pulls back to form a square furnished by the café tables and overlooking the Lillebælt and Kulturøen Arts Centre. Crossing Havnegade it continues into the Herman Jensen Park.

The building itselfs stands on a floor of granite, which representatives of the Savings Bank themselves were in China to select, and to ensure that working conditions in the quarry were as they should be. Granite tiles are cut into triangles of the overall building geometry, and they continue indoors merging outdoor and indoor seamlessly into each other. The same subtle effect is achieved in the continuation of the granite into the parking lot, where the darker triangles mark the parking spaces, which in turn is floodlit at night. The lanes and urban spaces on both sides of the building reinforces the feeling of intimacy, and serves as a contribution to the diversity of glimpses, corners and short cuts characteristic of the small town backroads in the old days.

From the inner square one has a view of the entire building and its four mezzanines that

og Kulturøen, med fortovsservering fra caféen. Dette byrum fortsætter i Herman Jensens Anlæg på den anden side af Havnegade og helt ned til vandkanten.

Forpladsen omkring hele huset er lagt i granit, som Sparekassens folk selv var i Kina og udvælge, bl.a. for at sikre sig, at arbejdsforholdene i stenbruddet var som de skulle være. Granitfliserne er naturligvis skåret i trekanter og fortsætter inden døre og danner gulvet i husets indendørs torv, så ude og inde umærkeligt glider over i hinanden. Samme diskrete effekt er opnået i fortsættelsen af granitten ind på parkeringspladsen, hvor mørkere trekanter markerer parkeringspladserne, der omvendt er oplyst om aftenen. Smøgerne og byrummene på begge sider af huset forstærker fornemmelsen af intimitet, og fungerer som bidrag til den diversitet af kig, hjørner og smutveje, som var kendetegnende for stationsbyerne i gamle dage.

Fra det indvendige torv ser man op i hele huset med de fire plateauer, der skyder sig ud eller trapper af, alt efter hvordan man ser det. Trappe/siddeanlægget fører rundt på plateauerne og op under det store skrånende tag. I

jut out or recline, depending on how you see it. The stairs/seating lead visitors and employees around the mezzanines ending under the large sloping roof. 3XN compares the space with a mountain village:

The square is not flat – it's a three-dimensional space, following the building envelope in its sloping, upward movement from the waterfront to Algade in a series of mezzanines. It changes from a public to an increasingly private space, but taken as one it forms a single space. This space is reminiscent of a landscape or a southern mountain village.

On the top floor or mezzanine, meeting rooms and the library are shielded by glass walls and doors. Some of these were intended to function as optional cell offices for those among the staff who would resist working in the open office space. All staff, however, including Brønserud, have chosen to sit on the open mezzanines. Light is varying during the day like the spatial experiences vary as one moves around the stairs and on mezzanines; no two corners of this house are alike. On the ground floor a part of the space is separated from the main inner square containing the independent office space of the real estate office facing Riisings Gyde and Havnegade. At the opposite side of the building, with a glass facade to the Gimbels Gyde and Havnegade lies the bookstore and the adjacent café, both of which can utilize the square outside.

deres præsentation af projektet sammenligner 3XN rummet med en bjerglandsby:

Torvet er ikke fladt – det er et tredimensionalt rum, som følger huskroppen i den skrå, opadgående bevægelse fra vandet op mod Algade i en række plateauer. Det bevæger sig fra helt offentlig til stadig mere privat karakter, men udgør tilsammen ét samlet rum. Rummet giver mindelser om et landskab eller en sydlandsk bjergby.

På øverste etage eller plateau er der bibliotek og møderum, skærmet med glasvægge og -døre. Det var meningen, at nogle af lokalerne kunne bruges som cellekontorer for de af medarbejderne, der ikke ville sidde i det åbne rum. Alle, selv Brønserud, har imidlertid valgt at sidde på de åbne plateauer. Lyset skifter og varierer i løbet af dagen ligesom rumoplevelserne varierer, når man bevæger sig rundt ad trapperne og på plateauerne; ikke to hjørner af huset er ens. I stueetagen indeholder en adskilt del af det store rum ejendomsmæglerbutikken, der har facade mod Riisings Gyde og Havnegade. I den anden side af huset, med glasfacade mod Gimbels Gyde og Havnegade, boghandlen og den tilstødende café, der begge kan udnytte torvet udenfor.

Ornamentation Moratorium

The decor was the result of a workshop where 3XN, the Savings Bank, interior designers and graphic artists who were to make the signs, created the common platform, on which the subtle shifts of light and shade during the day resulting from the geometry, would not be drowned out by elements of the interior. With Brønserud taking the lead the Savings Bank staff agreed not to immediately fill up the house with art and furniture, ornaments and pot plants. Indeed, a one year moratorium on decoration was declared, in order to get used to the building and figure out exactly what it can endure beyond the office layout and graphic identity, it has already been given.

3XN has designed the signs and advised on the choice of flooring. Carpets are in nuances of blue, inspired by the ever changing colours of the nearby Lillebælt. Inspired by the traditional symbol of the savings banks, the oak tree, door frames, panels and stairs are made of oak. That provides the room with a warm contrast to the cooler glass and prevailing white throughout the building. Printed on the glass walls runs a band of text, reminding staff of the ever present history of the Savings Bank. Meeting rooms are thus named after former members of staff; their name is on the wall and inside the room there is a short biography. Desks and chairs are black-blue; each employee has been allowed to choose a chair from a proposed range. Hvidt Arkitekter has done the interior decoration.

There is an old prejudice that architects don't like it when users take possession of 'the architect's building' bringing all their 'junk'. Kim Herforth Nielsen believes that 3XN office buildings generally are sturdy enough to receive users different decorations and their use. "For us it is important that the house can be used, as it was designed for that. Too many architects are simply interested in making a statement.

Udsmyknings-moratorium

Indretningen blev til efter en workshop, hvor 3XN, Sparekassen, indretningsarkitekterne og grafikerne der skulle lave skiltningen kunne finde den fælles platform, hvor de fine skift mellem lys og skygge ikke ville blive overdøvet af virkemidler i indretningen. På det område var Sparekassen med Brønserud i spidsen også helt klar over, at man ikke straks skulle fylde huset op med kunst og møbler, nips og potteplanter. Faktisk har man lavet et moratorium på et år, hvor man vænner sig til huset og får en fornemmelse af, hvilken udsmykning og hvilke elementer det kan tåle ud over den kontorindretning og grafiske identitet, det allerede har fået.

3XN har udformet skiltningen og rådgivet omkring valget af gulvbelægningen. Gulvtæpperne er i varierende blå nuancer – inspirationen kommer naturligvis fra Lillebælts skiftende overflade. Inspireret af egetræet i sparekassernes traditionelle symbol, er der anvendt egetræ til dørindfatninger, paneler og trapper. Det giver en varm kontrast til det køligere glas og den hvide grundfarve. Huset rundt løber et bånd af tekst, der minder om Sparekassens tætte forhold til sin egen historie. Mødelokalerne på det øverste plateau er således opkaldt efter tidligere medarbejdere, deres navn står på glasvæggen og inde i rummet er der en kort biografi af hver enkelt. Indretningen i øvrigt, sortblå skriveborde og stole – Sparekassen har ladet medarbejderne individuelt vælge kontorstol – har Hvidt Arkitekter stået for sammen med Sparekassen.

Det er en gammel fordom, at arkitekter egentlig ikke bryder sig om, at brugerne kommer med al deres 'skrammel', når de tager 'arkitektens' hus i anvendelse. Det gælder ikke Kim Herforth Nielsen. Han mener lige tværtimod, at 3XNs kontorhuse generelt er robuste nok til at tage imod brugernes forskellige indretning og anvendelse. "For os er det vigtigste, at huset kan bruges, for det er jo, hvad det er tegnet

You meet it all the time, maybe not so much in Denmark; Danish architects are generally concerned about their users, but internationally it is often a problem. I know for a fact that when we are selected as architects on international assignments, it is often because we have that humane approach to things and will engage in a dialogue, which many of the star architects will not."

til. Der er alt for mange arkitekter, der bare er interesseret i at lave et statement. Man støder på det hele tiden, måske ikke så meget i Danmark; danske arkitekter tænker egentlig meget på brugerne, men internationalt er det ofte slemt. Og jeg ved, at når vi bliver valgt som arkitekter ude i verden, er det meget ofte fordi, vi har en humanistisk og brugerorienteret tilgang til tingene, og er interesseret i at indgå en dialog, hvilket mange af stjernearkitekterne ikke vil."

It is a very sophisticated building, but it is well-known, proven techniques we have used in the design

Det er et meget avanceret hus, men det er velkendte, dokumenterede teknikker, vi har anvendt

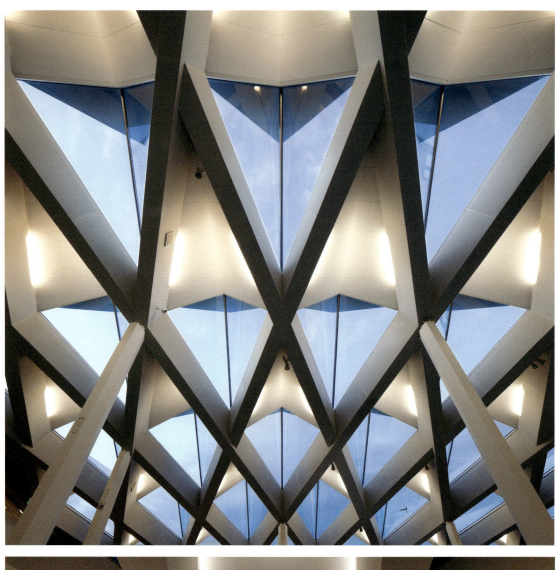

Having 'slept on it', the architects realized that the tilting part of the roof was a design advantage./
Efter at have sovet på det kunne arkitekterne se, at taget der vipper op i en spids ikke var et problem men tværtimod en form-mæssig gevinst.

Floors that Heat and Cool

The brief from the beginning entailed a series of ambitious formulations of sustainability and holistic solutions for the new building. "Environment and Energy has played a major role in the construction," says Søren Roland, who was construction manager for COWI, the engineering firm on the project. "Every modern technology is used. It gives great energy savings and a building that protects the environment. For example, no energy is used to ventilate it. Air exchange occurs through natural ventilation. Through boxes and vents air is directed from the outside and led along in a natural way to vent somewhere else in the building."

Building temperature control is also carefully developed. The so-called thermo-active slabs on the five mezzanines or terraces have garden hoses installed. Through these, warm water is circulated during winter time and cold water throughout the summer. The massive concrete slabs between each floor accumulate the heat of summer like the sea does, and heats well into the autumn. "Correspondingly the winter cold is accumulated in the concrete slabs and used for cooling in summer. Terraces ability to store heat and cold is also being used in the switch between night and day, thereby reducing the building energy consumption," says Søren Roland.

Gulvene varmer og køler

Der var allerede i byggeprogrammet en række ambitiøse formuleringer om bæredygtighed og helhedsorienterede løsninger i det nye hus. "Miljø og energi har spillet en stor rolle for byggeriet," fortæller Søren Roland, der var byggeleder for COWI, ingeniørfirmaet på Middelfart Sparekasse. "Al mulig moderne teknologi er brugt. Det giver en stor energibesparelse og et hus, der skåner miljøet. For eksempel bruges der ikke energi til at ventilere huset. Husets luftudskiftning sker gennem naturlig ventilation. Gennem bokse og ventilationskanaler ledes luft ind udefra og føres ad naturlig vej til aftræk et andet sted i bygningen."

Husets temperaturregulering er også omhyggeligt udviklet. De såkaldt termoaktive dæk i bygningens fem plateauer eller terrasser rummer vandslanger, hvor der pumpes varmt vand rundt om vinteren og køligt vand rundt om sommeren. De massive betondæk imellem hver etage akkumulerer sommervarmen som et hav og afgiver varmen langt ind i efteråret. "Tilsvarende akkumuleres vinterkulden i betondækkene og udnyttes til køling i sommerhalvåret. Terrassernes evne til at lagre varme og kulde udnyttes også i skiftet mellem nat og dag og nedsætter derved husets energiforbrug," siger Søren Roland

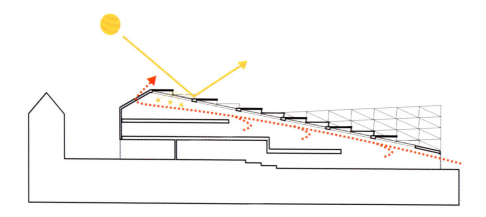

⟨ The ambition has been to achieve a consistent integration into the architectural design of construction, ventilation, lighting, and acoustics. Natural ventilation uses outdoor air flow caused by pressure differences between the building and its surrounding to provide ventilation without the use of energy consuming devices. Air is taken in through the facade and leaves by the roof top./Ambitionen har været det "integrerede design", hvor konstruktion, ventilation, belysning og akustik konsekvent er indarbejdet i arkitekturen. Naturlig ventilation anvender det flow, der skabes af trykforskelle mellem luften uden for og inde i bygningen. Luft ledes ind gennem husets facade til aftræk i øverst i tagkonstruktionen uden brug af energiforbrugende teknik.

The Construction Site: The Devil is in the Design Details

As full-service consultants on the project 3XN was responsible for making everything fit from the first sketch to the handing over of the keys; from constructing the base to the final finishes. Building is by definition a complex process, as many professions have to work together on such a huge amount of details. It is especially difficult to make this complexity look simple and elegant. When diving into the details, it becomes clear that a building that has an interesting and unusual form, must be extraordinarily carefully designed.

"It is a very sophisticated building, but it is well-known, proven techniques we have used in the design," says architect at 3XN, Rasmus Kruse, who was design manager on the construction of Middelfart Savings Bank. "For example, all glass joints are made with known profiles. The same applies to the flat roofs, it is a tight shuttering of boards. We (project manager Jens Henrik Birkmose, chief supervisor Helge Skovsted, façade expert Peter Kragelund, architect Flemming Tanghus and I) deliberately chose familiar techniques, and I think it is quite interesting that we were successful, given the complexity of the geometry."

Facades are covered with aluminium, which is a tried and tested solution, but they are in turn handmade with tailored precision. Window profiles are hidden, in order to disclose only the white surfaces and the glass. The mounting of discrete jackets ensure that nothing has to be glued and thus may break. "In the tender, the ridge of the dormers were glued, but because the glass is an important part of the statics in the dormers, as they had to be lifted into place, we designed them with a profile instead; otherwise they would have been too weak and would have broken. Likewise, an open silicone

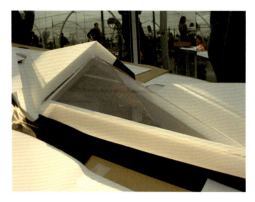

joint right under the open sky would have been too vulnerable."

The light-emitting function of the dormers was tested in the light laboratory at the School of Architecture at the Royal Academy of Arts in Copenhagen. These tests were also attended by the engineering firm Esbensen, which was sub-consultant to the engineer, COWI. In the laboratory the sun's travel pattern across the sky during the year on the plot in Middelfart was investigated, in order to calculate where the spots of sunlight would hit. Based on that, the dormers were designed to screen off exactly the right amount of light, but also to let some of it pass through - enough so that you can sense the passage of time without being bothered while working. "It was given a lot of thought," says Rasmus Kruse quietly. "We suggested to the Savings Bank representatives that we might add silk screen printing to the glass, if they would want to further reduce the light, but they were courageous enough to opt out on that one – they wanted the clear daylight, and we agreed from a design point of view."

Similar to the design challenge, the project has made considerable demands on the design-related construction. The design architects have been wrestling with the challenge of finding the right balance between free form and precise adaptation. And they succeeded, according to Rasmus Kruse. "You can hardly

profil i stedet for, for ellers ville de blive for svage. Og en åben silikonefuge, der peger lige op mod himlen, ville være alt for sårbar."

Kvistenes lysgivende funktion blev desuden testet i lyslaboratoriet på Kunstakademiets Arkitektskole i København. Her deltog også ingeniørfirmaet Esbensen, som var underrådgiver på den del for COWI. I laboratoriet undersøgte man solens vandring over himlen i løbet af året, så man kunne beregne hvor lyspletterne ville falde. Udfra det blev kvistenes hætter dimensioneret, så de tager præcis den rigtige mængde sol, men også slipper noget ind. Nok til, at man kan fornemme tidens gang, men uden at blive generet mens man arbejder. "Så der er tænkt meget over det", siger Rasmus Kruse stilfærdigt. "Vi foreslog Sparekassen, at man kunne forsyne glasset i kvistene med et raster i silketryk, hvis man ville reducere lysindfaldet yderligere, men det var de modige nok til at vælge fra – de ville have det klare dagslys, og det fandt vi også designmæssigt var det mest tilfredsstillende."

Svarende til den designmæssige udfordring har projektet stillet betydelige krav til den projekteringsmæssige udførelse. Også i projekteringen har man kæmpet med at finde den rette balance mellem frit formet variation og præcis tilpasning. Og det er lykkedes, forstår man på Rasmus Kruse. "Man kan næppe komme det nærmere." Leverandøren af de 'håndsy-

Testing of the dormers in the light-laboratory./Kvistene testes i lyslaboratoriet.

The angle of the daylight is carefully measured. /Lysets indfaldsvinkel er nøje beregnet.

get any closer." Supplier of the 'handmade' dormers, HS Hansen, had calculated that they would need three weeks to mount the dormers on the roof in Middelfart. It took three days. They were designed in such a clever way that all 83 dormers just had to be put in place and fixed. That was more or less it. "The challenge was rather to get enough transport trucks to take them from the factory to the building site in Middelfart in order to keep up with the fitters," Kim Herforth Nielsen says smilingly.

Overall, the major challenge was to achieve the same sharpness, both seen from the outside and the inside, as the building has so many different thicknesses. "When you draw a detail and off-set it, displacing it inwards, with the thickness it has because of the insulation and ventilation, it's a huge amount of work to make everything to meet. When a building bends like this one, both concave and convex, and in both sections and in plan, it is quite a task to get the bars, coming from each their part of the roof, to meet."

The local carpenters from Guldfeldt Nielsen, who built the interior walls and covered the roof were also challenged. "But they were really enthusiastic," says Rasmus Kruse. "They thought it was hard, but when they finished, they were nevertheless quite satisfied and sad. Now they had to go back to building senior housing, they said."

The steal beams of the roof are covered with plates, and then cut and tailored on the spot by the artisans. Inside the hexagon concrete pillars run tubes and cables which are hidden from sight. Inside aluminium plates on the roof and on the front of the decks are perforated in the same manner as the outer plates, through which fresh air is taken in, and there is insulation placed behind this, absorbing the sound. They are thus in a discreet way part of the already acclaimed acoustics of the building. The ambition has been to achieve a

ede' kviste, HS Hansen, havde regnet med, at det ville tage tre uger at montere dem på taget. Det tog tre dage. Hele konstruktionen og dens montering var så smart tænkt, at de 83 kviste blot kunne løftes på plads og gøres fast, og det var stort set det. "Det var snarere et spørgsmål om at skaffe lastbiler nok til at køre kviste fra fabrikken ned til Middelfart, for at kunne følge med montørerne," ler Kim Herforth Nielsen.

Overordnet set har den store udfordring været at opnå den samme skarphed, både set udefra og indefra, når huset har så mange forskellige tykkelser. "Når man tegner en detalje, og offsetter den, altså forskyder den indad, med den tykkelse den nu har på grund af isoleringen og ventilationen, så er det et stort slid, at få det hele til at løbe præcist sammen. Når et hus knækker, både konkavt og konvekst, og både i snit og i plan, så er det lidt af en opgave at få bjælkerne til at løbe sammen fra den ene og den anden tagflade."

Også de fynske tømrere fra Guldfeldt Nielsen, der bl.a. byggede de lette vægge og beklædte tagkonstruktionen, var kommet på en opgave. "Men de brændte virkelig for sagen", fortæller Rasmus Kruse. "De syntes det var svært, men da huset stod færdigt, var de alligevel helt vemodige. Nu skulle de ud og bygge ældreboliger, som de sagde."

Stålbjælkerne i tagkonstruktionen er beklædt med metalplader og det har været rent håndarbejde at tilpasse dem. Håndværkerne har stået og klippet dem til på stedet. Inde i de sekskantede betonsøjler løber føringerne – rør og kabler – så de er skjult og af vejen. De indvendige aluminiumsplader på tagkonstruktionen og dækforkanterne er perforeret på samme måde som de udvendige facadeplader, hvorigennem luften til den naturlige ventilation trækkes ind, og der ligger isolering inde bag, så de absorberer lyden. De er dermed på en diskret måde en del af husets allerede

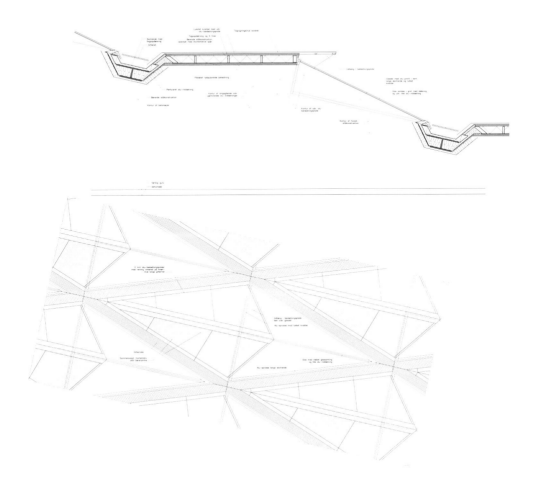

consistent integration into the architectural design of construction, ventilation, lighting, and acoustics.

Although there is a relationship between geometry and the materials used, making it look simple and coherent required a lot of work. Asked the question whether it is the most difficult building he has constructed, Rasmus Kruse does not have to ponder for long: "Yes, it is. That is why it is a relief to see it finished."

berømmede akustik. Ambitionen har været det 'integrerede design', hvor konstruktion, ventilation, belysning og akustik konsekvent er indarbejdet i arkitekturen.

Selv om der er sammenhæng mellem geometri og materialer, så har det at få det til at se så enkelt og sammenhængende ud, krævet en hel del arbejde. På spørgsmålet om, hvorvidt det er det sværeste hus, han har bygget, tøver Rasmus Kruse ikke længe: "Det er det. Derfor er det også en lettelse at se det stå færdigt."

But the point is perhaps that the greatest challenges are closely linked with the most options and highest ambitions. A "cornucopia of good things" Rasmus Kruse calls the project. "Location, the Savings Bank as a workplace, their relationship to the city. And not least that a client wanted a building like this, at that location."

That the competition deadline was so relatively short enabled in reality the bold concept. "Designing a large hospital, for example, where everything must be calculated in advance, makes it harder to take the same risks." One of the steps 3XN took to balance the bold with what could be built, was as mentioned to design the roof in every detail. On the other hand other elements are very simple, the use of colours for example. Only the carpets have colours, the rest is monochrome. This deliberate constraint has been deployed in order to give the expressive geometry its proper weight.

Men pointen er måske, at de største udfordringer hænger tæt sammen med de fleste muligheder og de højeste ambitioner. Et "overflødighedshorn af gode ting" kalder Rasmus Kruse projektet. "Beliggenheden, Sparekassen som arbejdsplads, deres forhold til byen. Og så ikke mindst at en bygherre vil sådan et hus her, på den placering."

At konkurrenceperioden var så forholdsvis kort muliggjorde i virkeligheden det dristige koncept. "Sidder man og tegner et stort sygehus, for eksempel, hvor alt skal udregnes på forhånd, er det sværere at satse på samme måde." En af de forholdsregler 3XN tog for at afbalancere det dristige og det bygbare, var som nævnt at gennemprojektere taget ned i mindste sammenskæring. Tilsvarende er projektet afbalanceret, så noget er meget enkelt. Det er for eksempel en af grundene til, at huset er monokromt og kun gulvtæpperne er i forskellige farver. Man har bevidst begrænset virkemidlerne, så den ekspressive geometri kommer til sin ret.

Asked the question whether it is the most difficult building he has constructed, Rasmus Kruse does not have to ponder for long: "Yes, it is. That is why it is a relief to see it finished."

På spørgsmålet om, hvorvidt det er det sværeste hus, han har bygget, tøver Rasmus Kruse ikke længe: "Det er det. Derfor er det også en lettelse at se det stå færdigt."

Dedicated artisans challenged by the advanced design./Engagerede håndværkere med en stor udfordring.

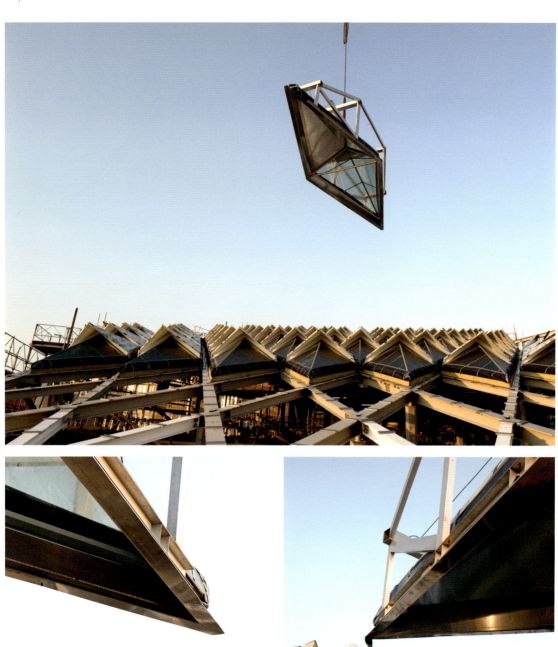

It took only three days to mount the dormers./Det tog kun tre dage at montere kvistene.

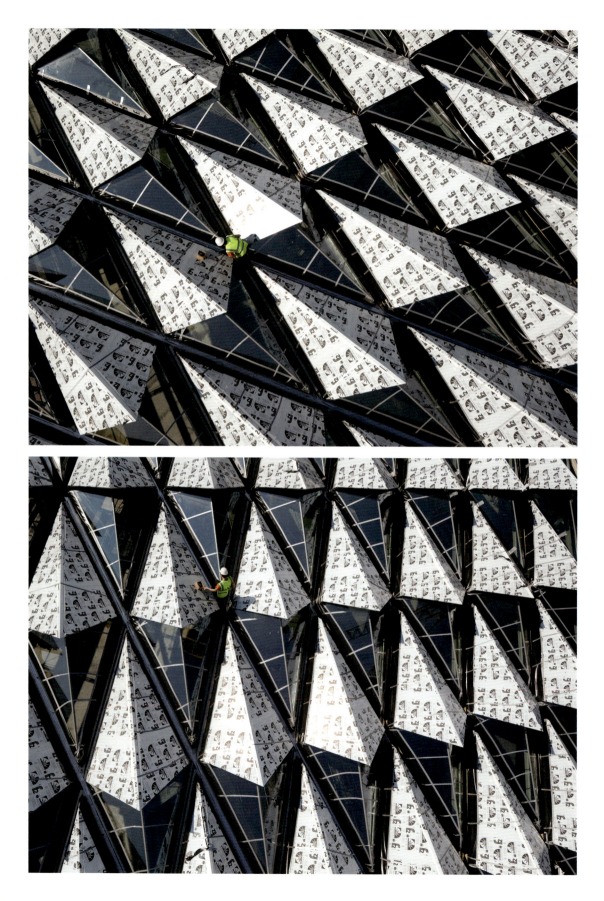

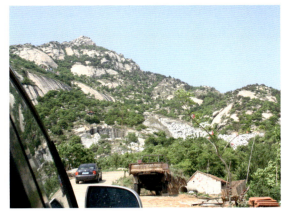

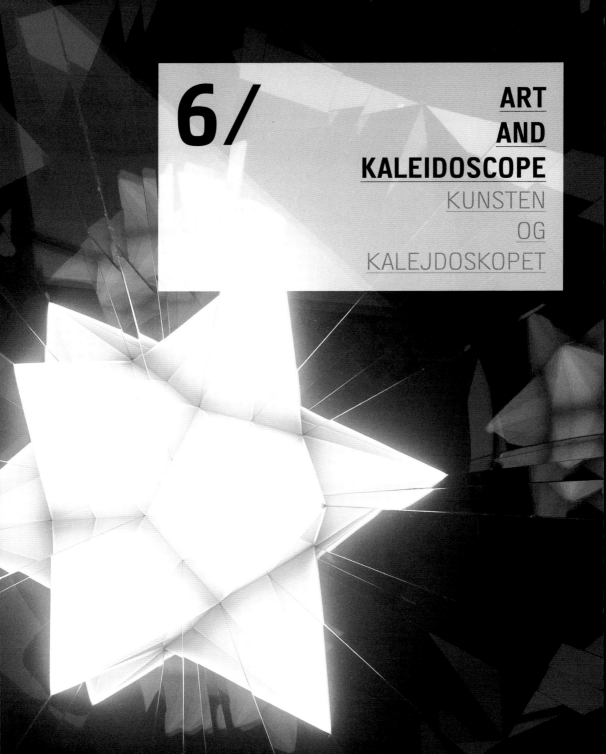

6/ ART AND KALEIDOSCOPE
KUNSTEN OG KALEJDOSKOPET

Art and Kaleidoscope

Middelfart Savings Bank wanted art to be an integrated part of the new building from the beginning and 3XN suggested they contact the Danish-Icelandic artist Olafur Eliasson, with whom it had often collaborated earlier, e.g. in connection with the building of 'Alsion' in Sønderborg. "Olafur saw the house as a kaleidoscope, which I believe was exactly right," says Kim Herforth Nielsen. "There is something kaleidoscopic in the way the building zooms in and out, and in the way that you see many different things at once, the way the experience constantly changes when you move, depending on where you look." This Eliasson has used to build a number of kaleidoscopes into the floor of the inner square. When looking into the wells with kaleidoscopes in the floor, you disappear into another world. Mirrors that reflect each other are one of the most peculiar phenomena that exists in our visual world. The work of art exploits this by playing on the fear of depths opening below us. But there is bright light in Eliasson's underworld.

It is an interesting interplay between architecture and art, where none of the two disciplines serve as a framework for or decoration of the other, and where none of them are subordinate to the other. "Olafur has taken a sunbeam reference in the building at a certain time of day, and caught it in the well. So one particular day during the year, at one particular time of day, the sun will hit the exact point in the kaleidoscope," explains Kim Herforth Nielsen.

Just as Kim Herforth Nielsen thinks architecture as an approximation to art, Eliasson thinks of his art in a way that it encompasses the architecture that surrounds it. As in a Chinese box system - As in a kaleidoscope. 'Room for Shooting Stars,' the artist calls his work in Middelfart Savings Bank, but he often

Kunsten og kalejdoskopet

Sparekassen ville gerne have kunsten tænkt ind i den nye bygning fra begyndelsen, og 3XN foreslog at man kontaktede den dansk-islandske kunstner Olafur Eliasson, som tegnestuen har samarbejdet med i flere byggerier, for eksempel i 'Alsion' i Sønderborg. "Olafur så huset som et kalejdoskop, hvilket jeg egentlig synes er rigtig godt set", siger Kim Herforth Nielsen. "Den måde bygningen zoomer ind og zoomer ud, er der noget kalejdoskopisk over, og det at man ser mange forskellige ting på én gang, at oplevelsen hele tiden skifter, når man bevæger sig, og alt efter hvor man ser hen." Det har Eliasson udnyttet til at lave et antal kalejdoskoper, der er bygget ned i gulvet på det indre torv. Når man kigger ned i brøndene med kalejdoskoper forsvinder man ind i en anden verden. Spejle, der spejler hinanden, er noget af det forunderligste, der findes i vores visuelle verden. og det udnytter værket til at spille på den lille frygt for dybet under os. Men der er lyst i Eliassons underverden.

Det er et interessant samspil mellem arkitektur og kunst, hvor ingen af de to discipliner forholder sig som henholdsvis ramme om eller dekoration af den anden, og hvor ingen af dem således er underordnet den anden. "Olafur har taget et solstrejf, set i huset på et bestemt tidspunkt af dagen, og fanget det i brønden. Så en bestemt dag i løbet af året, på et bestemt tidspunkt af dagen, vil solen ramme det punkt i kalejdoskopet", forklarer Kim Herforth Nielsen.

Som Kim Herforth Nielsen tænker arkitekturen så den nærmer sig kunsten, tænker Olafur Eliasson sin kunst så den så at sige indeholder den arkitektur, den optræder i. Som i et kinesisk æskesystem. Som i et kalejdoskop. 'Rum til stjerneskud', kalder kunstneren værket i Middelfart Sparekasse, men han omtaler ofte sine installationer som eksperimentelle

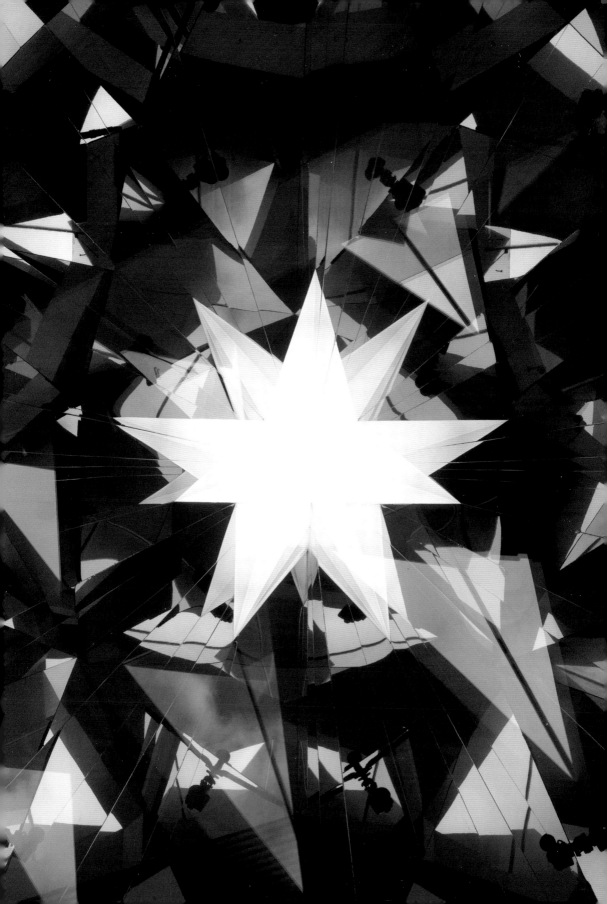

talks about his installations as experimental designs, rather than works of art in the traditional sense:

'Vision machines' like kaleidoscopes, camera obscurae and installations containing prisms or mirrors, have long been one of Eliasson's main interests. These 'machines' he uses to encourage the viewers to consider what it means to see and to sense, to learn and to act in a world in constant motion. In his own words the artist wants to "focus on our co-creation of and responsibility for the spaces we live and work in. Art is part of the real world - it cannot be separated from what we call 'reality'."

Olafur Eliasson's fundamental interest in what unites art and architecture, has led to a number of projects in Denmark as well as abroad, characterized by his subtle way of working with spatial dimensions of buildings or public spaces. An important aspect of the project in Middelfart Savings Bank was therefore the initial dialogue with Kim Herforth Nielsen. Eliasson says: "The kaleidoscope materializes in forms and dimensions, which we otherwise cannot see. Between the sensual and the non-sensual, between our imaginary world and our everyday life. It was obvious to use this construction in Middelfart Savings Bank, as floor, ceiling and the shape of 3XN's building refer to kaleidoscopic forms."

'Room for Shooting Stars' is composed of six kaleidoscopes immersed in the floor of the square, and each of them is covered by a transparent glass disc that makes it possible to stand on them and look down. Each kaleidoscope consists of three mirror faces meeting in an apex. The tips are cut at different angles, and as light streams through them, six different geometric structures become visible in the mirrors' reflections. Olafur Eliasson calls them: 'Dodecahedron', 'Icosahedron', 'Kepler Icosa Star,' 'Kepler Dodeca Star', 'Icosadodecahedron' and 'Square Sphere'.

konstruktioner, snarere end kunstværker i traditionel forstand:

'Synsmaskiner' såsom kalejdoskoper, camera obscurae og installationer, der indeholder prismer eller spejle, har således længe udgjort en central interesse. Disse 'maskiner' bruger han til at opfordre beskuerne til at overveje, hvad det vil sige at se og at sanse, at erfare og handle i en verden i konstant bevægelse. Kunstneren vil med egne ord "sætte fokus på vores medskaben af og ansvar for de rum, vi lever og arbejder i. Kunsten er en del af den virkelige verden – den kan ikke adskilles fra det, vi kalder 'virkelighed'."

Olafur Eliassons grundlæggende interesse for spørgsmål, der binder kunst og arkitektur sammen, har affødt en lang række opgaver i ind- og udland, hvor han på subtil vis arbejder med de rumlige dimensioner i en bygning eller et offentligt rum. Et væsentligt aspekt af projektet i Middelfart Sparekasse var derfor den indledende dialog med Kim Herforth Nielsen. Eliasson siger: "Kalejdoskopet materialiserer former og dimensioner, vi ellers ikke kan se. Det ligger på grænsen mellem det sanselige og det ikke-sanselige, mellem vores forestillingsverden og hverdagsliv. Det var oplagt at bruge denne konstruktion i Middelfart Sparekasse, da både gulvet, loftet og formen på 3XNs bygning som sådan refererer til kalejdoskopiske former."

Rum til stjerneskud består af seks kalejdoskoper, nedsænket i torvets gulv og dækket af en transparent glasskive, der gør det muligt at stå oven på dem og kigge ned. Hvert kalejdoskop består af tre spejlflader, der mødes i en spids. Spidserne er skåret i forskellige vinkler, og idet lys strømmer op gennem disse udsnit, bliver seks forskellige geometriske strukturer synlige i spejlenes refleksioner. Olafur Eliasson kalder dem: 'Dodecahedron', 'Icosahedron', 'Kepler Icosa Star', 'Kepler Dodeca Star', 'Icosadodecahedron', og 'Square Sphere'.

*Olafur Eliassons kaleidoscopes being put into place./*Kalejdoskoperne sænkes ned i deres brønde.

Art is part of the real world - it cannot be separated from what we call 'reality'

Kunsten er en del af den virkelige verden – den kan ikke adskilles fra det, vi kalder 'virkelighed'

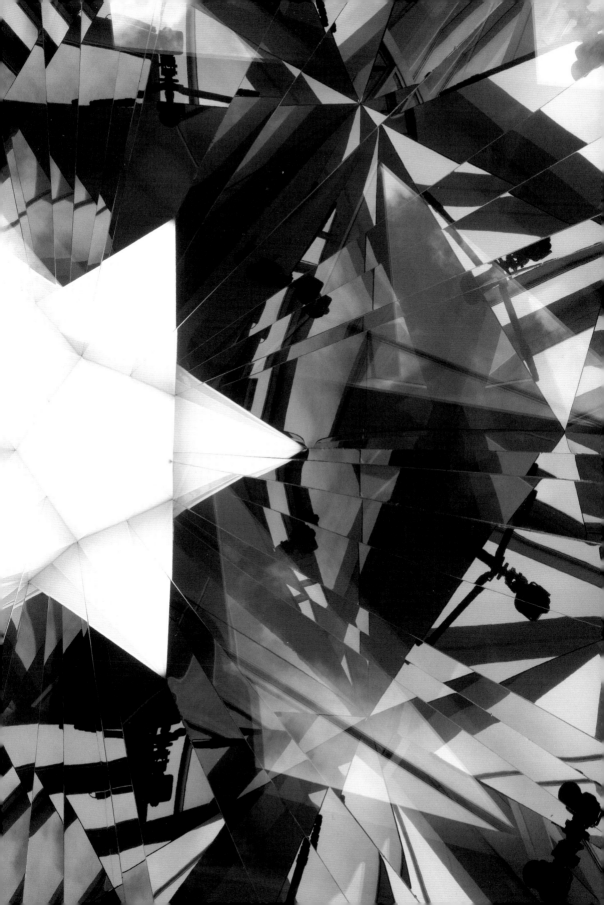

Just as Kim Herforth Nielsen thinks architecture as an approximation to art, Eliasson thinks of his art in a way that it encompasses the architecture that surrounds it

Som Kim Herforth Nielsen tænker arkitekturen så den nærmer sig kunsten, tænker Olafur Eliasson sin kunst så den så at sige indeholder den arkitektur, den optræder i

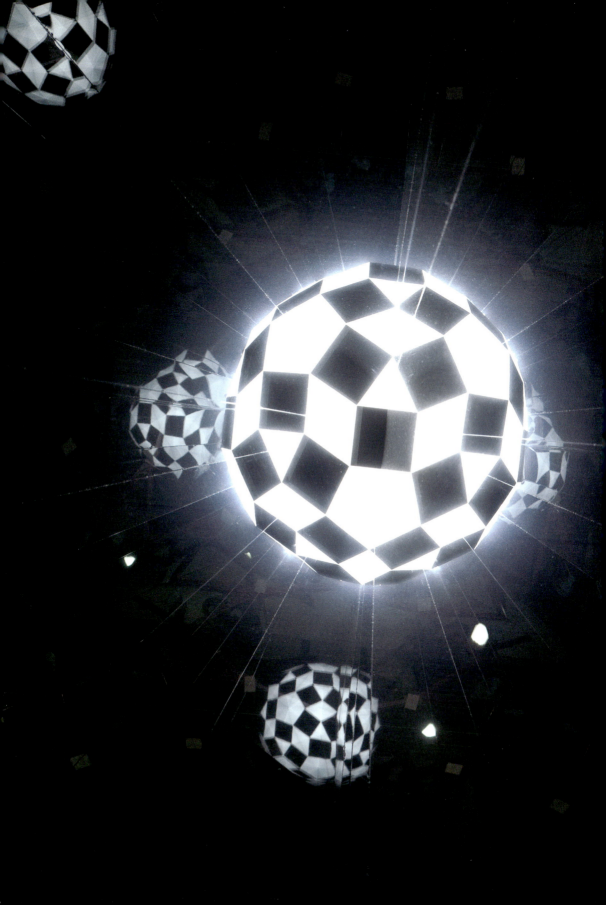

7/ THE GOOD WORKPLACE OF THE FUTURE
FREMTIDENS GODE ARBEJDSPLADSER

The Good Workplace of the Future

More than six months after the inauguration, people pop by to see the unusual building and the Bank still experiences an interest for guided tours. While we walk around the building with Brønserud, a group of cheerful ladies come through the revolving doors. It turns out to be a birthday party group that is out for a walk, and instantly the party is offered a special tour around the bank. The staff does not take much notice of the guests. One senses that it is an everyday occurrence.

These visits put the acoustics at a serious test, as the noise would normally be highly disruptive in the big open room. But 3XN's experience with processing surfaces in relatively large open rooms with many people has been used to create excellent acoustics. The carpets, the oak floors, insulated lagging and clever angles of ceilings and walls contribute to the good acoustics of the house.

The sound of a building. The light in a building as seen from a distant bridge. The entrance of a building through an alley, from where it creeps in on you with its delicate shifts of the facade. All this belong to the entirety that architecture represents. An entirety which is "always both image and space", which Poul Erik Tøjner, director of the art museum Louisiana writes in 3XN's book 'Mind Your Behaviour'. In Middelfart Savings Bank the kaleidoscope is the basic form-related approach that constantly moves between art and architecture, but also, figuratively speaking, the many-faceted reality that 3XN will make room for in their buildings. A job is no longer (or should no longer be!) the performance of repetitive monotonous routines. What is in demand today is independent thinking, dialogue and cooperation. According to 3XN, architecture creates behaviour, and thus might strengthen the feel-

ing of togetherness and freedom at work, or it may do just the opposite. This suggests that buildings represent statements and examples in the society of which they form a part of. Right from the beginning Middelfart Savings Bank was an integral part of both the local community which created it, and the larger society, whose progressive trends it reflects. Middelfart Savings Bank's new building uses architecture's reality-shaping qualities to point into a future, in which the good work place will be just as natural as the good architecture that creates them.

3XN skaber, kan styrke arbejdet som samvær og frihed, eller den kan gøre det modsatte. Det peger på, at bygninger indgår som udsagn og eksempler i det samfund, de er en del af. Middelfart Sparekasse var lige fra begyndelsen en integreret del af både det lokalsamfund, der skabte den, og det større, omgivende samfund, hvis progressive tendenser den afspejlede. Sparekassens nye bygning bruger arkitekturens virkelighedsformende kvaliteter til at pege ind i en fremtid, hvor den gode arbejdsplads vil være lige så selvfølgelig, som den gode arkitektur, der rummer og skaber den.

Epilogue

Hans Erik Brønserud, CEO

"Am I dreaming or am I awake?" That was how I felt when I first sat down in my chair in Middelfart Savings Bank's new Headquarters.

For many years we had been dreaming, had high expectations, financial concerns and very little patience. Will the day ever come? Why do we have to keep waiting? Will they ever finish? And suddenly it was serious. I was sitting in my chair! And how did it feel? An immense pride filled my heart. I could not believe that all the dreams had been realized. I was sitting in this fantastic house, in this fantastic light and in these fantastic acoustics. It was almost unbelievable. A dream that could not come true, had become real. The old Savings Bank, which had been on the same street corner since its foundation in 1853 had now moved into one of the most spectacular buildings in Denmark in 2010, and I had moved in with it. That was truly fantastic.

As this book tells, a lot of people had been doing a lot of thinking, before we got to that point, but everybody involved has had only one objective, i.e. to build Denmark's best building for Denmark's best work place. And we succeeded. And all the positive responses from our customers prove that we also succeeded in building Denmark's best building for Denmark's best bank customers.

Our fear that people in the small town would find the house extravagant and a waste of the customers' money was proven wrong. The customers proudly show the house to families and friends saying: "This is our Savings Bank, is it not an incredible building?"

This would never had happened had it not been for a fantastic collaboration with Denmark's

Efterord

Hans Erik Brønserud, adm. direktør

"Drømmer jeg eller er jeg vågen" - ja, jeg følte mig som Jeppe i baronens seng, da jeg første gang satte mig til rette på min stol i vores nye hovedkontor i Middelfart Sparekasse.

Mange år var gået med store drømme, spændte forventninger, pengemæssige spekulationer og åndeløs utålmodighed. Kommer dagen dog aldrig? Hvorfor skal vi blive ved med at vente? Bliver de dog aldrig færdige? Og pludselig var det alvor. Nu sad jeg på stolen! Og hvordan føltes det? En utrolig stolthed fyldte mit hjerte. Tænk, at alle drømmene var blevet virkeliggjort. At jeg sad i dette fantastiske hus, i dette fantastiske lys og i denne fantastiske akustik. Det var nærmest ufatteligt. En uopnåelig drøm var gået i opfyldelse. Den gamle sparekasse, som havde levet på dette gadehjørne siden sin oprettelse i 1853, var nu flyttet ind i et af de mest spektakulære huse, man kunne finde i Danmark i 2010, og jeg var flyttet med. Det var da fantastisk.

Som denne bog fortæller, var der gået utroligt mange tanker igennem hovedet på rigtig mange mennesker, før vi nåede så vidt. Men alle involverede har kun haft ét mål, nemlig at skabe Danmarks bedste hus til Danmarks bedste arbejdsplads, og det er til fulde lykkedes. At det også skulle være Danmarks bedste hus til Danmarks bedste pengeinstitutkunder, vidner alle de positive tilkendegivelser, vi har fået fra kunderne, om, også er lykkedes. Hvor vi kunne frygte, at janteloven i den lille købstad ville forkaste huset som unødvendig spild af kundernes penge og arrogance ud over alle bredder, er det gået stik modsat. Kunderne glæder sig over deres sparekasse, og man viser stolt huset frem for familie og venner med ord som: "Se det er vores sparekasse, er huset ikke utroligt?"

most visionary architects, 3XN. They have laid the foundation for a building, which fulfills our dream of a place, which makes real the philosophy that has characterized Middelfart Savings Bank for the last 20 years.

But one thing is to create an idea of a building. Another to realize the idea. We have been extremely fortunate that a number of excellent engineers, technicians, artisans, suppliers and producers have managed to carry our these exciting ideas, and for this we owe them many thanks. Without their incredible work, we would not have this unique building in Middelfart today.

Every morning, when I approach the bank, I feel very humble. It is such a privilege to work in a building like this every day. I am very grateful to all the people who made it possible. Thank you, everybody, for having contributed to the creation of a building in small and modest Middelfart, which people from all over the world will travel to see.

Alt dette var ikke sket uden et fantastisk samarbejde med Danmarks mest visionære tegnestue, 3XN, og alle de dygtige mennesker, der har bemandet dette firma. De har lagt grunden til et hus, der til fulde opfylder vores drøm om et sted, der virkeliggør den filosofi, som han kendetegnet Middelfart Sparekasse igennem de seneste 20 år.

Men et er at skabe ideen om et hus. Et andet er at realisere denne ide, og her har vi været så heldige, at en lang række dygtige ingeniører, teknikere, håndværkere, leverandører og producenter har formået at føre disse spændende tanker ud i livet, og det skylder vi dem alle en kæmpe stor tak for. Uden deres fantastiske indsats, havde vi ikke dette unikke hus i Middelfart i dag.

Hver morgen, når jeg nærmer mig huset, bliver jeg ydmyg. Tænk at få lov til at arbejde i sådan et hus hver dag. Det er da et privilegium. Og jeg tænker med taknemmelighed på alle de mennesker, der har gjort det muligt. Tak alle sammen, fordi I hver på jeres plads, har været med til at skabe et hus i lille Middelfart, som folk fra hele verden kommer rejsende for at opleve.

Data

Address
Havnegade 21, DK-5500 Middelfart, Denmark
www.midspar.dk

Client
Trekantens Ejendomsselskab A/S

Size
5,000 m2

Construction
2007-2010

Architect
3XN
www.3xn.com

3XN Team
Kim Herforth Nielsen, Jan Ammundsen, Bo Boje Larsen, Rasmus Kruse, Jens Henrik S. Birkmose, Helge Skovsted, Flemming Tanghus, Tommy Bruun, Morten Mygind, Peder Kragelund, Klaus Mikkelsen, Tommy Ladegaard, Lars Povlsen, Jørgen Søndermark, Rikke Zachariasen, Heidi Daggry, Johanne Holmsberg, Stefan Nors

Engineer
COWI

Landscape Architect
Schønherr KS

Art
Olafur Eliasson

Jury
Jørgen Eggert-Larsen, Former President, Middelfart Savings Bank,
Helle Lund Gregersen, Staff Representative
Hans Erik Brønserud, CEO
Architects: Jette W. Knudsen, Pernille Egelund Johansen, and Niels Fuglsang

Fakta

Adresse
Havnegade 21, 5500 Middelfart
www.midspar.dk

Bygherre
Trekantens Ejendomsselskab A/S

Størrelse
5.000 m2

Opførelse
2007-2010

Arkitekt
3XN
www.3xn.dk

3XN team
Kim Herforth Nielsen, Jan Ammundsen, Bo Boje Larsen, Rasmus Kruse, Jens Henrik S. Birkmose, Helge Skovsted, Flemming Tanghus, Tommy Bruun, Morten Mygind, Peder Kragelund, Klaus Mikkelsen, Tommy Ladegaard, Lars Povlsen, Jørgen Søndermark, Rikke Zachariasen, Heidi Daggry, Johanne Holmsberg, Stefan Nors

Ingeniør
COWI

Landskabsarkitekt
Schønherr KS

Kunstnerisk udsmykning
Olafur Eliasson

Dommerkomité
Jørgen Eggert-Larsen, tidligere formand for Middelfart Sparekasse
Helle Lund Gregersen, tillidskvinde
Hans Erik Brønserud, adm. direktør
Fagdommere: Jette W. Knudsen, Pernille Egelund Johansen og Niels Fuglsang

Demolition
Kingo Karlsen A/S

Carcase work (steel and concrete)
Jorton A/S

Exterior finish (roof and façade)
H. S. Hansen Factories A/S

Interior finish (carpenter, joiner, painter)
Guldfeldt Nielsen A/S

Installations (electricity, plumbing)
El:con El-service A/S

Catering Facilities
Brønnum

Middelfart Savings Bank has received the MIPIM/Architectural Review Future Projects Award 2006

Nedbrydning
Kingo Karlsen A/S

Råhus (stål og beton)
Jorton A/S

Lukning (tag og facade)
H. S. Hansens Fabrikker A/S

Komplementering (tømrer, snedker, maler)
Guldfeldt Nielsen A/S

Installationer (el, vvs)
El:con El-service A/S

Storkøkken
Brønnum

Middelfart Sparekasse har modtaget MIPIM/Architectural Review Future Projects Award 2006